课堂教学50个怎么办

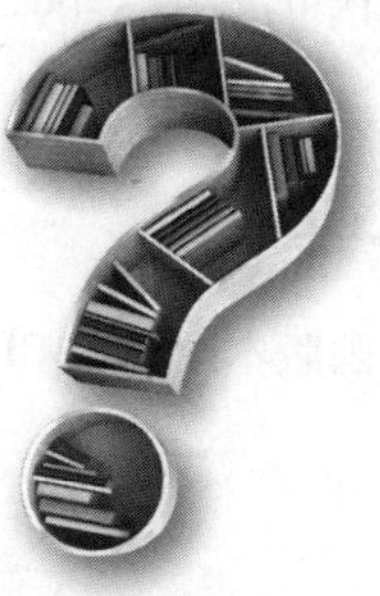

——为你细说5×50个“这么办”

严育洪 ◎ 著

天津出版传媒集团
天津教育出版社
TIANJIN EDUCATION PRESS

图书在版编目（CIP）数据

课堂教学50个怎么办?：为你细说5×50个“这么办”/
严育洪著. -- 天津：天津教育出版社，2023.1
ISBN 978-7-5309-8926-5

Ⅰ.①课… Ⅱ.①严… Ⅲ.①课堂教学—教学研究
Ⅳ.①G424.21

中国版本图书馆 CIP 数据核字（2022）第202459号

课堂教学50个怎么办? ——为你细说5×50个“这么办”
KETANGJIAOXUE 50GE ZENMEBAN? ——WEINI XISHUO 5×50GE “ZHEMEBAN”

出版人	黄　沛
作　者	严育洪
选题策划	吕　燚
责任编辑	吕　燚
装帧设计	郝亚娟
出版发行	天津出版传媒集团 天津教育出版社 天津市和平区西康路35号　邮政编码　300051 http://www.tjeph.com.cn
经　销	新华书店
印　刷	三河市人民印务有限公司
版　次	2023年1月第1版
印　次	2023年1月第1次印刷
规　格	16开（710毫米×960毫米）
字　数	300千字
印　张	15
定　价	48.00元

前言

教师的主要职责是“教好书育好人”，班主任除了要做好本职工作，还要上好课，担负起教好书育好人的重要使命，因为课堂是教育教学的主阵地。

在《班主任工作50个怎么办？——为你细说5×50个“这么办”》的前言中，笔者列举了一个“新时代班主任标准”的顺口溜。

上得了课堂，跑得了操场。批得了作业，写得了文章。开得好班会，访得了家长。解得了忧伤，破得了迷惘。制得住多动，控得住轻狂。查得了案件，打得过嚣张。

其中，“上得了课堂”“批得了作业”等标准都与教学的日常工作——提高课堂教学质量有关。“上好课”（“上好”课＋上“好课”）有助于“做好班主任”“做好教师”，那么，“怎么上好课”，就是本书想谈论的问题，也是广大教师最关心的问题。

课堂教学是一个系统工程，涉及教学布局、教学技能、教学方式、教学资源、教学调控、教学评价等板块，每个板块中又包括众多“怎么办”的具体问题。教师要想“上好课”，就必须掌握回答“怎么办”的有效方法。并且，这样的“这么办”越详细、越具体、越多样，教师就越能得心应手，不仅能够“上好”课，而且能够上“好课”。

实际上，教学工作与教育工作常常交叉甚至融合。教学工作与班主任工作也常常交叉甚至融合，你中有我，我中有你，分不清你我。现在的教学形势，又在倡导各学科教学之间交叉甚至融合，由此，作为教师，还需要与各学科教师沟通联系，获得各学科教师的支持与反馈，在学科育人的同时积极寻求综合育人。综合育人不仅需要各学科教师一起上好课，还离不开班主任的支持与协调。由此可见，教学工作任重道远，要让学生能够“道远”，课堂必须“任重”。所以，教师的“任重”是因为“重任”在身，很多时候不是管好自己的课堂就能万事大吉的。

课堂是一个“大熔炉”，什么学生都可能有，什么事情都可能出现，什么问题都可能产生；课堂还是一个“大炼炉”，它能锻炼人、培养人、成就人。课堂的主人是学生，学习的主体是学生，教师只是课堂教学和学生学习的组织者、引导者、促进者。

自古至今，“教学”的意义在不断演变。从最初以学代教的“教学即学习”到以教代学的“教学即教授”，直至苏联教育学家凯洛夫提出“教学即教师的教和学生的学”，以及我国教育家陶行知主张“教学即教学生学”，才较好地诠释了教与学之间的关系。如今，在人本思想的照耀下，教学不能仅满足于“教学生学”，还应“教学生自己学”。当今，丰富的理论环境和宽广的信息渠道为“教学生自己学”提供了可能：教师要教给学生自己学的内容，一是引导学生自己学习课内知识，二是引导学生自己学习课外知识；教师要教给学生自己学的方法，一是引导学生自己完成预习任务，二是引导学生自己设计学习线路。

但不论如何，任何一名教师，特别是新教师，如果手头有一本如《十万个为什么》一样的书，那么在面对繁杂的课堂事务和复杂的教学问题的时候，可能就不会再手忙脚乱或手足无措，而能镇定自若、挥洒自如地“照章办事”，顺利、出色地做好课堂教学工作。

本书是一本助你“上好”课、“做好”教师的案头书，也是一本助你上“好课”、做“好教师”的参考书，是《班主任工作50个怎么办?》的续篇。虽然没有达到“十万个怎么办”之巨，但也基本回答了课堂教学的日常问题，并且针对每一个“怎么办”，细致地列出了5步或5种具体的做法，供教师借鉴。如果您在阅读中有什么意见和建议，请发至笔者的电子信箱 13861472533@139.com 或 646963648@qq.com，谢谢！

严育洪

写于江苏无锡

目录

专题一　教学布局

布局，意为对事物的全面规划和安排。教学同样需要布局，首先，需要正确的、先进的教学理念做指导；其次，在教学思路、教学层次、教学环节、教学衔接、教学过渡、教学手法、教学艺术等方面进行全面规划和安排。

专题二　教学技能

技能，意为通过练习形成的、控制动作执行的、合乎法则要求的行动方式。教学离不开技能，涉及情境导入、问题提出、难点突破、变式运用、策略选择、板书设计、总结整理等。技能水平越高，教学水平越高。

专题三 教学方式

方式，意为言行所采用的方法和形式。教学方式包括教师教的方法和学生学的方法，是教师引导学生掌握知识技能、获得身心发展而进行共同活动的方法。教学方式各种各样，但都应以学为中心开展教学活动。

专题四　教学资源

资源，意为拥有的物力、财力、人力等各种物质要素的总称。教学资源是为教学的有效开展，提供的各种可被利用的条件。可以是教材、境材、人才，也可以是显性资源、隐性资源，还可以是设计出来的资源、利用起来的资源。

专题五　教学调控

调控，意为调节、控制。教学调控，即教师为实现课堂教学目标，对学生行为和自身行为进行有意识的引导、约束和调节。常用的教学调控有教师的指导、教学的铺垫、知识的分解、学习的激励、思想火花的点燃等手段。

专题六　教学评价

评价，意为对人或事物所评定的价值。教学评价一般包括对教学过程中教师、学生、教学内容、教学方法手段、教学环境、教学管理等诸因素的评价，但主要是对学生学习效果的评价，包括诊断性评价、形成性评价和总结性评价。

专题一 教学布局

布局，意为对事物的全面规划和安排。教学同样需要布局，首先，需要正确的、先进的教学理念做指导；其次，在教学思路、教学层次、教学环节、教学衔接、教学过渡、教学手法、教学艺术等方面进行全面规划和安排。

怎么办 01

教师如何授人以鱼?

我们都说“教是为了不教”。教师是启发学生思考的引领者，学习探索的组织者。教师教学不能只注重知识的灌输，而且应该立足于课堂，激发学生学习的兴趣，增长学生学好知识的信心，让学生在教师的引导训练下积极主动学习，学会独立思考并具有解决问题的能力。那么，教师该如何授人以鱼呢?

这么办 1
授人以欲

如果教师仅仅授人以鱼，学生的学习可能是一种“死学”。“活学”先得“活血”，外因必须通过内因起作用，所以学生先要有学习的欲望和学习的热情，学习才会真正成为学生自己的事情，否则只是被动学习。

一位教师在教学“求一个数是另一个数的百分之几的应用题”时，分析了其与“求一个数是另一个数的几分之几的应用题”之间的联系，实现了授人以“鱼”，也讲解了方法以及它们之间的联系，实现了授人以“渔”，但没有讲清“有了分数应用题，为何还要学百分数应用题”，也就是没有实现授人以“欲”，这样，学生的学习是盲目和被动的，也是糊涂的。在此，教师不妨用百分数知识的实用性来揭开它的神秘性，从而解开学生心中的疑问。

上述案例中的做法只是局部改良，如果从教学的更高站位看，我们可以把以往传统教学的“学以致用”翻转成“用以致学”，让学生在学习一开始就看到知识的用途，由此产生强烈的学习欲望，这样整节课的教学结构就可能发生很大变化。总之，“用中学”要比“学会用”更具学习驱动力，能够很好地实现授人以“欲”。

这么办2

授人以渔

谚语说："授人以鱼，不如授人以渔。"授人以鱼只救一时之急，授人以渔则可解一生之需。

一位卖菜的大姐，不仅卖菜，而且附带向顾客介绍烹调方法，所以她的菜常常比别家卖得好。在课堂教学中，教师好比在向学生"卖"才，要想"卖"得好，教师就应该不仅"卖"知识，还需要"卖"学习的方法，这样学生不仅学会了知识，而且学会了获得知识的方法，也就是学会了学习。

瓦尔特很后悔选修了埃及历史这门课程，因为库伯教授的讲课速度快得惊人，自己记笔记速度赶不上他说话速度。瓦尔特灵光一闪：干吗不在笔记本上隔行留空呢？这样下课以后，我就可以回想授课的内容，把漏掉的部分补上。

刚开始的时候，瓦尔特很难回忆起来上课的内容，但是随着日子一天天过去，这种回忆成了一种游戏：他常常模仿库伯教授讲课，并试着在不看笔记的情况下，尽可能地复述课堂的内容。

到考试前一天，瓦尔特把自己假想为教授拟出了10道题，解答后根据课堂笔记和课本评阅。

第二天早上，当试卷发下来的时候，瓦尔特发现竟然是自己昨天出的10道题——只是顺序不一样！怎么会如此巧合？

结果，库伯教授给瓦尔特打了一个硕大的"A+"，还写了这样一句话："感谢上帝让我在从教之年碰上了一个高才生！"瓦尔特因此顺利拿下了学士学位。

善于学习，就是能够从纷繁复杂的信息中发现有用的信息，并善于总结经验，在此意义上，学习就是一个不断发现的过程。一位教育家曾经说过："你每告诉孩子一个答案，就剥夺了孩子一次学习的机会。"意思就是"授人以鱼，不如授人以渔"。联合国教科文组织曾谈道：今后的文盲将不再是不识字的人，而是不会自学和学了知识不会应用的人。（参看配套U盘视频：授人以鱼，更要授人以渔①。）

① http://news.cctv.com/2018/09/03/VIDEF8YeGyeYCYnJ9vnEarg5180903.shtml. 中国网络电视台"习近平时间"节目.

这么办3

授人以娱

魏书生老师曾开设过“游戏课”，他认为，让学生和教师一道在玩中开怀大笑，不仅可以训练学生的注意力、观察力，而且可以提高他们的记忆力、想象力，同时可以融洽师生感情。

童话小说《爱丽丝漫游奇境记》的作者刘易斯·卡罗尔是一位数学家，他设计了一个数学游戏，先叫男孩杰克写下“1、2、3、4、5、6、7、9”八个数字，然后问道：“你看看，哪个数字写得不漂亮？”

杰克看了看，说：“5写得最差！”

卡洛尔笑笑说：“这么看来，你得多写写5才行。你愿意做这样的事情吗？”

“这么枯燥的事，我不愿意。”杰克挠着脑袋，说了真话。

“那做游戏，你愿意吗？”

杰克兴奋地说：“当然愿意！”

卡洛尔把这八个数字顺次组成八位数12345679，再乘以45，杰克计算得到555555555。

卡洛尔装作有些疑惑：“你能保证计算结果正确吗？”

杰克又计算了一遍，最后肯定地把结果“555555555”又写了一遍。卡洛尔笑了：“你的结果完全正确，而且你的5在写了这么多遍后已经不那么难看了。”

这个有趣的游戏吸引了其他小朋友：“我觉得自己4写得不漂亮，应该怎么办呢？”卡洛尔说：“那你就用这个八位数乘以36。”“那要是7呢？”“那你就用这个八位数乘以63。”……

卡洛尔巧妙地用娱乐的方式把“缺8数”进行了介绍和渗透，也让杰克快乐地练习了“5”的书写。

这么办4

授人以羽

2007年，在上海建平中学举行的“首届教学改革国际研讨会”上，传出了“让课堂产生学生的思想”的呼声。“授人以羽”，是指让课堂产生学生思想的羽翼，让学生飞得更高更远，也就是让学生学得“开窍”。

教学高一物理“机械能”一课时，我利用课件创设了“荡秋千”的游戏情景后，提出了两个问题：(1) 秋千摆动的幅度为什么会越来越小？(2) 如果你在荡秋千时不靠其他外界力量能不能越荡越高呢？

对第二个问题，学生沉默。教师启发道：“秋千越荡越高，能量越来越大，那么能量从何而来呢？”有学生说：“靠人站立和蹲下来实现。”接下来，学生争论的焦点转到了在何处站起、何处蹲下，以“最低点站起来和最高点站起来”的观点分成两派辩论，最终统一思想：当秋千在最低点时，依靠自己的体力做功，立即站立起来，提高重心，增大势能；当秋千到最高点时，立即蹲下降低重心，把人的重力势能转移给秋千，实现人的体能向秋千的机械能转化。①

波里亚说：“教师在课堂上讲什么当然重要。然而学生想什么更是千百倍的重要，思想应该在学生脑海中产生出来，而教师仅仅应起一个助力作用。”要让学生有思想，教师首先要有“放”的胸怀，交给学生展翅飞翔的舞台，其次要有“开”的水平，指给学生展翅飞翔的方向。

这么办 5

授人以誉

某集团新入职一名员工，上班第一天，她意外收到一束鲜花，惊喜地发现留言卡上写着：“欢迎你加入我们的团队，我深信你会是一名出色的业务员。但是，我担心你理应得的奖励迟到了，所以，我宁愿早点给你，我想你不会介意吧。”落款是业务部经理。

一位纽约的女教师决定让每一个高中生都获得荣誉，她告诉每一个学生所有人都是独一无二的，都会有所作为。然后她送给每个同学一条蓝色的缎带，上面印着一行金字：“我是一个有所作为的人！”这些得到蓝缎带的学生从此变得自信起来，这所学校的学习成绩也节节上升，成为当地最优秀的重点学校。

① 卞志荣. 让课堂产生学生的思想 [J]. 教育理论与实践，2011，31 (29)：61－62. 有改动.

在教学中，“授人以誉”是让学生学得“开心”的一种精神激励。高明的教师不必等待学生有表现甚至有进步之后才鼓励或奖励，任何时间、任何环节、任何地方、任何事物都可以授人以誉。

怎么办 02

如何设计教学层次？

根据学生的认知结构和智力分布，教师在对教学过程、教学内容、教学组织形式、教学方法和需要使用的教学手段进行设计时，要体现一定的层次。微观层次主要是知识和技能的心理加工，中观层次主要是内容的组织形式和呈现方式，宏观层次主要是课程的总体知识和能力图谱。那么，教师该如何设计教学层次呢？

这么办1
由浅入深

课堂需要设计，坚持由浅入深、由易到难、由简到繁等教学的循序渐进原则。学生能否理解知识在很大程度上取决于教师能否从学生角度进行讲解，不仅要用最通俗易懂的语言，还要根据学生的认知规律，由浅入深、由表及里进行教学设计。

语文的预读，就是学生根据教师的要求对预习内容进行独立自主的阅读探索活动。要实现有效预读，必须有由浅入深的预读目标。

一级目标，即浅预读目标。第一，读准字音。运用工具书、网络等手段读准字音，对不认识的或读不准的音进行标注。第二，读通课文。能正确地读好问句、感叹句等不同句式，读好长句，会停顿。第三，读懂大意。能初步了解课文大体写了什么。

二级目标，即深预读目标。第一，懂意。通过读书，运用学过的方法理解词语的意思，弄懂文章的意思，并能用自己的话概括文章大意。第二，品意。品味字、词、句、段、篇的含义，以批注自己的理解和感受。第三，悟意。将课文和拓展的文章进行对比读，从文意和表达方法等方面，感悟几篇文章的异同。

教学时，教师要根据学生的实际，循序渐进地落实以上目标。①

这么办2

由外而内

陶行知说："没有生活做中心的书本是死书本，没有生活做中心的教育是死教育，没有生活做中心的学校都是死学校。"教师只有从学生的年龄特征入手，搭建生活与教育的联系以及生活与教学的联系，设计"由外而内"的教学层次，才能真正开展用生活进行教育、用生活进行教学的活动，让学生从身边熟悉的生活走进书上陌生的知识。

在小学三年级科学"土壤里有什么"教学中，为了给学生提供更好的教学体验，教师利用学校空地进行实践教学，向学生布置观察土壤的探究任务。

室外实践活动结束后，学生制作、分析记录表格，并在观察和思考后普遍认为土壤中包括水分、空气、腐殖质、黏土、砂砾等物质。教师针对实践结果进行延伸探讨，引导学生分析"这些物质为什么会出现在土壤之中，它们的存在对土壤和植物有何影响"等问题，学生从生活经验出发，提出水分可以保持土壤湿润，砂砾可以让土壤更加透气、松软。②

将科学问题的探究与生活经验相结合，能够极大扩展教学维度和提升教学层

① 赵玉翠．"三段一体"阅读教学之预读策略研究［J］．山东教育，2022（13）：38－41.

② 唐梓兰．让科学在生活的土壤中成长——小学科学教育实施生活化教学的策略探讨［J］．科教文汇，2022（13）：122－125. 有改动.

次，有助于学生系统性地掌握科学知识，在生活中用科学的眼光看待问题，从而培育学生的科学素养。（参看配套U盘视频：抓一点分层设计，让课堂教学具有迷人的逻辑层次①。）

这么办3

由此及彼

学生最好的学习是能够由此及彼，“学一个、会一类、连一片”“学一篇、读一群、会一类”“知一点、懂一线、会一面”，也就是学会“举一反三”，运用知识去应对或解决各式各样的问题。举一反三，可以让教师教得“少”一点、引得“巧”一点，让学生学得“精”一点、想得“多”一点、悟得“深”一点，提高课堂教学效果。

数学“间隔问题”，可以联想生活中的“植树问题”，然后又联想出许多实际问题（见图1），这是把书教厚的过程，也是模型的“化开”过程，让学生能够举一反三；反过来，这么多实际问题最终都可以回到“间隔问题”，这是把书教薄的过程，也是模型的“化归”过程，让学生能够举三反一。

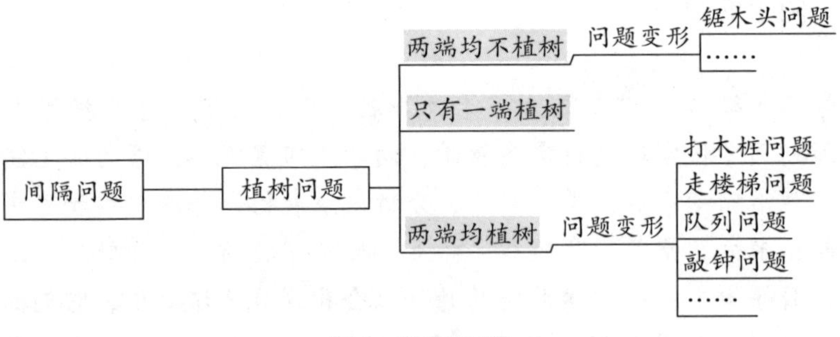

图1 间隔问题

笛卡尔将数学方法原理加以拓展并作为普遍的思想法则写进《方法论》一书，把建立数学模型看作重要的方法应用于其他领域，从而设计了一个能解决各种问题的“万能方法模式”。“间隔问题”的数学模型虽然达不到“万能”，但运用其方法原理也能由此及彼解决一系列实际问题。

① https：//www. ixigua. com/6839490992341516811. 蜗牛角的个人主页——西瓜视频.

这么办4

由专到博

跨界教学是一种学科间跨界、联动和交互的教学形态，是核心素养目标下的学科联动，是打破分科教学壁垒的学科融合。实施跨界教学应遵循“以本学科教学为主线、其他学科知识为辅助手段”的原则。实现学科跨界教学要求教师具备一定的课程智慧，具备学科借鉴、学科整合、学科联动、学科融合等意识，敢于打破或超越学科界限，从学科融合的角度创新教学。

在地理教学中，笔者从语文能力的层面开发三类地理课程，即地理写作课、地理阅读课、地理演讲课。

地理写作课，学生结合自己所掌握的地理知识，认真研究地理现象或事物，然后用文字呈现自己的观点和看法。例如八年级“中国的自然环境”的地理写作课，学生的文章大多以家长带领旅游参观的记叙文为主。

地理阅读课，借助语文阅读理解的方式，提升阅读速度和对关键信息的把握能力。例如教学八年级“西北地区——自然特征与农业”时，以总结归纳西北地区的自然地理特征和人文地理特征，增强保护生态环境的观念为教学目标，结合课外文本农民作家刘亮程的散文《今生今世的证据》开展地理阅读探究。(1) 结合地理知识推测刘亮程笔下吹彻的寒风的季节性成因。(2) 村庄的井有可能是什么样的井？(3) 作者去往城市的搬迁应该是什么路线？(4) 作者给老乞丐的馒头是由什么粮食做成的？(5) 乡村老去的原因有哪些？(6) 作者笔下天是那么昏暗，那么你知道当地的日照情况吗？(7) 村庄的沙丘的成因是什么？(8) 你对自然环境和生态保护有哪些建议？(9) 如果要在这里进行精准扶贫，可以采取哪些措施？……

地理演讲课，针对地理教材中具有科普意义的内容，面向全班或全校采用演讲的方式进行介绍，增强学生社会责任感。①

① 沈珍康．初中地理学科融合教学实践研究［J］．文理导航（上旬），2022（7）：88－90.

这么办5

由大统小

为避免碎片化、零散式这种浅层次、低效果的教学，教师应以大观念为核心，使教学内容结构化，以大主题为引领，使教学内容情境化。教师要站在全局把看似孤立的知识和原理联系起来，从而起到纲举目张、由大统小的作用，提升教学层次。

讲好人教版化学必修一第三章“铁金属材料”一课，要确立大观念，首先要研读教材及相关文献，对课程相关的“基本问题”展开思考。所谓“基本问题”，是指联系生活，能够揭示事物的本质，容易发生迁移的问题。例如，金属的使用历史是怎样的？背后揭示和体现了什么？金属研究对人类未来有什么意义？对这些“基本问题”的思考，既是确立大观念的前提，也是确立大观念的途径。

经过提炼，本单元大观念可以确立为：“从物质结构的视角研究物质性质，从物质的类别和价态的视角研究化学反应，探讨金属单质及化合物在生活中的运用，深刻认识化学与生活密切相关。”

确立大观念后，即可站在一定的高度，对教学过程展开设计，把相关内容进行整合。由此可见，大观念是单元设计的出发点和落脚点。①

① 袁小建．高中化学大观念教学单元目标的设定——以《铁金属材料》单元教学为例［J］．教学管理与教育研究，2022（06）：93－94.

怎么办 03

教学如何整体衔接?

教学环节之间的衔接和知识之间的衔接，应根据教学活动的内在规律和知识学习的内在逻辑进行整体布局，有助于学生在课堂上保持思维的专注度和连续性。课堂是不断发展变化的，教师要随机应变，不断调整和优化衔接方式。那么，教学该如何整体衔接呢?

这么办 1

前后呼应

不少教学设计前后教学环节之间缺少关联，往往“一题接一题”“一个活动接一个活动”“一个环节接一个环节”往后推进教程，而不同教学环节、不同教学栏目之间缺少前后关联、前后呼应，致使课堂教学品质难以提升。课堂教学设计可吸收、借鉴文学与影视艺术，注意前后内容、前后情节之间的呼应和关联，这样可以使得课堂教学富有美感。

在数学“圆的认识”教学中，课一开始，教师让学生尝试画圆，结果很多学生已经会用圆规画圆，教师顺势提出问题：“为什么圆规可以画圆?”作为全课任务目标，所指引的学习方向是研究圆规画圆的原理，以此统领全课教学。

学生由此想到的学习方法是：先研究怎样用圆规画圆，然后通过“圆的认识”思考为什么圆规可以画圆。

其中，在方式上教与学保持前后呼应，获得“一唱百和”的效果，教师之前提出“为什么圆规可以画圆”的问题，学生随后紧紧围绕问题寻找“圆的认识”的知识支持完成任务。此间，教师始终用任务而非指令在指引和驱动着学生的学。最终，学生完成知识学习，找到了课首问题的答案，在结构上课尾与课首实现前后呼应，获得“一气呵成”的效果。

这么办2

左右逢源

知识无处不在，生活的边界就是知识的边界，好的教学应该在知识的边界与生活的边界之间左右逢源。教师应力求跳出知识教知识，不能把自己和学生都死死地捆绑在教科书里，而应该在知识和生活之间牵线搭桥，从生活走向知识，从知识走向生活，左右逢源，往回自由，用生活的道理帮助学生理解知识的道理。

有一位教师在教画图软件中的“喷枪”工具时，她为学生设计了两个任务。第一个任务是堆雪人。课堂中教师问学生有没有堆过雪人或者从电视上看过，然后让学生用喷枪工具堆一个雪人；第二个任务是放烟花。教师引导学生想象过年时放烟花的情境，接着让学生用喷枪工具喷出烟花。

教师布置的两个任务没有关联，只不过是运用生活化的例子来讲授新知识。教师应找到两个任务能够“左右逢源”的联结点，形成一条主线来展开教学，如以学生学过的课文《雪孩子》为主线来贯穿课堂。我们可以这样设计：（1）雪孩子为了救小白兔而融化了，小白兔多伤心呀，我们能不能用“喷枪”工具堆一个雪孩子送给它？（2）雪孩子堆好了，小白兔多开心呀，它想开一个庆祝会，让我们发挥想象力帮它放一场绚丽的烟花吧！

这样，以学生学过的故事引入，学生有亲切感，在故事发展的过程中，学生主动参与、亲身体验，还培养了感恩的品质。这样的课堂情境，在教育与教学、生活与知识、故事与学习之间左右逢源。①

这么办3

上下贯通

知识是不断生长着的，教师应善于在知识的“过去时”“现在时”“将来时”

① 区琼慧．主题式生活化教学在信息技术课堂中的应用［J］．中小学电教，2013（11）：38－40.

三种时态之间上下贯通。教师要引导学生学会对知识追根溯源。追根溯源就是对知识有刨根问底的精神，也就是遇到问题不能只满足于“知道是什么”，还要弄明白“为什么”，清楚知识的来龙去脉。

学生认识公顷后，对“1公顷的大小为什么要这样规定”“公顷和平方米的进率怎么会是10000”这两个问题追根溯源，了解问题的本源：原来公制面积单位公亩现已不使用。如果将公亩算进去，平方千米、公顷、公亩、平方米，这时每相邻面积单位的进率都是100。

那为什么公亩现在不使用了呢？因为边长10米的一块地为一公亩，也就是100平方米，它存在的价值就只是满足相邻两个单位的进率是100而已，它完全能用平方米来表示，而且易和我国市制单位亩发生混淆，所以不再使用。

这样学生不仅对公顷有了更完整的认识，而且对公制面积单位、市制面积单位乃至英制面积单位都有所了解。学生通过公顷这棵“树”就会看见面积单位这片“森林”。

英国数学家怀特海说：“教育需要解决的问题就是使学生通过树木看见森林。”作为教师要用联系的思维方式看待问题，上下贯通，融会贯通，从全局角度审视问题，从核心知识与本质概念的角度看待课时内容。（参看配套U盘视频：学知识，从举一反三到融会贯通，需要这4种思维能力①。）

这么办4

虚实相生

很多时候，当学生对所学的知识道理感到虚无缥缈、难以理解时，教师大多会采用实际举例的方式进行解释。教学要做到虚实相生，就要做到理例结合，通过鲜活事例的展示，让学生理解学科所要传达的抽象知识或一般道理。其中，事例的选取既要注意趣味性，更要注重典型性。如果忽视事例的典型性而一味追求事例的数量，那么不但使教学活动很难达到以例问理、以例明理的效果，还极易造成事例的堆砌现象，导致学生疲惫。

① https://haokan.baidu.com/v?pd=wisenatural&vid=2246245132720378l. 介入式写作与案例开发——好看视频.

在高中思想政治课中，学生对“货币政策的制定和实施”一时难以理解，更缺乏深刻的体验。为此，教师在教学时把国民经济发展比喻为高速路上行驶的汽车，而货币政策就是控制车速的工具。如果经济过热而引发通货膨胀，就可以通过实施紧缩的货币政策来控制“车速”；如果经济衰退，通货紧缩，就可以实施宽松的货币政策为国民经济加速。①

这么办5
进退自如

课堂教学是师生思维共舞的过程。教师作为课堂学习的组织者、引导者，要通过适时进退，调整“步伐”，与课堂学习的主体——学生，共同从课堂中得到充实、愉悦的学习体验。说到底，教师在课堂上的进与退，其实就是教师如何处理教与学的关系、如何正确发挥教师主导作用与学生主体作用的问题。

数学“我会用计算器吗”一课即将结束时，教师让学生再问自己：“我会用计算器吗?”学生踊跃回答：“会!”这时教师又出示一道题让学生用计算器计算：222222222×555555555。学生兴奋地快速用计算器进行计算，马上得出了答案。谁知答案竟千差万别，各不相同。经过分析，学生发现自己手中计算器的位数根本计算不了这么大的数。那么怎样才能找出答案呢?

正当学生万般无奈之际，教师抛出了一个“祖传秘方”——每位学生的桌子上有一个信封，上面写道：“我相信你算完这四道题就会明白的。”

$$2\times5=$$
$$22\times55=$$
$$222\times555=$$
$$2222\times5555=$$
…………

这个环节的设计看似教师在传授“祖传秘方”，是教师在“进”，其实是教师把探索“祖传秘方”的思路指出来，巧妙地“隐退”，让学生自主发现规律。

① 赵万胜．高中思想政治课“理例结合”教学模式初探［J］．基础教育参考，2019（08）：74－75.

教学中，学生的“退”是为了之后更好的“进”，而教师的“退”是为了学生的“进”。由此，获得了较好的教学效果：退一步讲，学生在愉悦中发现了规律；进一步讲，学生还懂得了“计算器不仅要会用，还要能超越”的知识道理；更进一步讲，学生更懂得了“学无止境”的人生道理。①

怎么办 04

如何用“起承转合”设计教学？

“起承转合”是艺术创作中常用的结构技巧之一，是古时作文惯用的行文方法，后来逐渐泛指文章的写作手法。“起”是指起因，也就是文章的开头；“承”是指事件的过程；“转”是指转折；“合”是指文章的结尾。那么，教师该如何用“起承转合”设计教学呢？

这么办 1

用于支架化教学

在写作教学中，可能有学生存在不知如何行文的问题，对此，教师可以教给学生“起承转合”的写作支架。同时，“起承转合”也可以成为教师设计写作指导课的教学支架。

① 毋艳霞．进退自如中彰显名师风范——观华应龙老师“我会用计算器吗”教学有感［J］．小学青年教师（数学版），2006（11）：27．有改动．

语文教师引导学生模仿《记承天寺夜游》写一次游历，在“起”的部分用叙述的方法写明游历的时间、地点和起因；在“承”的部分用叙述的方法比较详尽地续写游历的经过；在“转”的部分描写游历中遇到的某处景物，灵活运用描写手法，转换各种观察视角，调用各种感官展开丰富的描写；在“合”的部分用抒情、议论的方式围绕描写的景物展开讨论、抒发情感。

教师要让学生明白，使用“起承转合”的结构，可以让文章的脉络更加清晰，也使心情、状态的改变自然流畅。

除了古代写诗、写词以及现代写作中会用到“起承转合”手法，其实，音乐作曲中也能用到“起承转合”手法。（参看配套U盘视频：起承转合作曲法①。）

这么办2

用于问题化教学

“起承转合”结构在问题化课堂中，大致对应着问题的发现、分析、解决、总结的过程，特别是复杂问题的研究，其中会有更多的“承接”与“转折”，最终“合计”出本质规律。由此可见，“起承转合”很多时候就是问题的解决过程，所以能运用于大部分问题化教学中。

在化学“金属与酸和水的反应”课上，“钠与水的反应探究”是“起”，引起学生的兴趣，熟悉科学探究的思路；“镁与水的反应探究”是“承”，承接上面的思路与方法，探究新物质的新性质；“铁与水的反应探究”是“转”，相似的思路、相似的方法，但是可能会出现转折；对这三种金属与水的反应进行对比与讨论，得出金属与水反应的规律是“合”。

这么办3

用于题组化教学

题组化教学，是教师常用的一种教学策略。教师围绕教学目的要求，精选若

① https://www.bilibili.com/video/av839935904?p=4. 皮哥的一小步的个人空间——哔哩哔哩视频.

干例题、习题，并按教学顺序组成一组例题与练习题，将知识、方法与技能穿插融合其中。其中，“起承转合”可以成为设计题组的“黏合剂”。

反比例函数是中考热门考点之一，“反比例函数与图形面积”作为其中的一节专题课，我从题目的选取、变式的设计、题组的构建等方面采用“起承转合”架构进行串联设计。

●“起”——新知建构

创设合理的问题情境，引起学生的认知冲突，激发学生学习的兴趣，通过有层次性的问题，以旧带新，构建新知。设计题组1（略）。

●“承”——补充延伸

引导学生观察、分析、思考，承前启后，探寻知识的“生长点”，这个过程既是学生对新知的巩固运用，也是对新知的有效补充与延伸。设计题组2（略）。

●“转”——运用迁移

题组设计注重综合性与应用性，凸显解决方法的思想性与多样性，增强问题的“障碍性”，促进学生从学习数学知识向发展应用能力的有效迁移。设计题组3（略）。

●“合”——整合拓展

题组设计回归和体现知识的“整体”架构，关注多知识点的交汇及新旧知识的衔接整合，适度拓展创新，从而促进学生知识的融会贯通、提升数学学习能力和思维品质。设计题组4（略）。①

这么办4

用于结构化教学

结构化教学是指从知识的本源出发，着眼于整体知识的建构，通过对学习内容内部各关键元素之间的结构关联分析，做到纵向连贯、横向融通，不断丰盈课时内容的深刻内涵和丰富外延。其中，“起承转合”有助于结构化教学的设计。

数学“图形的测量”知识可以借用“起承转合”设计结构化教学。

① 苏国东．题组变式　起承转合——以“反比例函数与图形面积”一课的设计为例［J］．中学数学研究（华南师范大学版），2021（18）：15－17.

●“起”——溯源：回到本源，聚焦测量本质

图形的测量本质是数出有多少个度量单位的累加。所以，图形的测量初始学习起源于长度和长度单位、面积和面积单位、体积和体积单位，这个学习阶段，学生经验连续，在原有生活经验的基础上展开学习，实现新旧知识的无缝对接。

●“承”——顺应：关联元素，探寻测量方法

图形的测量就是关联起图形的关键元素即线与面，探寻基础图形测量的一般方法。这个学习阶段，学生初步形成学习结构，以其关联元素，建构起基本图形的测量研究方法。

●“转”——迁移：连续建构，迁移测量策略

在不改变图形面积的情况下，改变图形的形状，建构元素关联，推导出面积公式，引导学生突破知识结构的限制，从知识结构走向方法结构，迁移到其他类似的单元问题学习中去，如圆的面积计算公式推导。

●“合”——循环：往复提升，建构发展图式

经历前面的学习过程，学生已初步形成自己学习的一般化结构。接下来就是将知识、认知、思想方法等不断纳入自身学习体系的过程。教师所要做的就是不断创造这样的情境，便于学生自觉或不自觉地进入往复提升的学习进程中。①

这么办5

用于单元化教学

在教学设计的时候，教师不能看一课教一课，而应该站在整个单元的全景角度，参照单元内所有的知识，如此才能更好地看到知识之间的联系以及每一节课的定位，并用最合适的结构组织单元知识的教学，发挥每一节课应有的作用。其中，“起承转合”的理念亦能用来研究和设计单元教学。

在“简易方程”中单元教学，教师容易陷入被动的困境，因为学生认为算术法已经可以解决问题，没必要用过程（步骤）相对烦琐的方程解决问题。我认为，这个单元的学习应基于学生真实的认知而重新排序，围绕“未知数”与“字母式表示一个量”为核心问题进行单元整体设计。

① 陈雪霞．“起承转合”——“图形的测量”结构化学习四部曲［J］．考试周刊，2021（A5）：40－42．有改动．

● “起”：“用字母表示数”——强化未知数与字母式表示数量

“用字母表示数”是整个单元的起始课，我认为方程解决问题中的未知数均为一个特定的未知数而不是一个变量，因此改变素材，凸显未知数的感知，为方程解决问题做准备：（1）理解未知数用字母表示，用字母式表示未知的数量；（2）强化字母式表征数量及取值范围。

● “承”：“用字母表示数的再认识”——强化字母表示数的技能与意识

让学生树立“用字母表示数”的意识，积累丰富的字母表示数解决问题的经验，促成用字母式探究问题的方法，更好地为方程解决问题服务，因此组课《用字母表示数的再认识》。例如用水晶球的读心术引发学生好奇心，感受每个人想的数不确定，引导学生经历用字母表示数去参与运算解释规律的过程，积累字母式参与数学问题解决的经验。

● “转”：“方程的意义”——找寻未知数与已知数的相等关系

基于方程本质的理解，我们在数学情境的创造中，例如“妈妈原来有100元钱，买了4千克苹果还剩68元”，不断让学生经历寻找未知数、表示未知数的过程，在未知数与已知数相等关系的感知中逐渐实现方程意义的建模。

● “合”：“方程解决问题”——解决问题的再认识（求联单元结构）

用“已知数之间关系复杂，原来的方法解决问题容易出错”的材料介入方程解决问题的教学，让学生深度感知方程思想和方程价值。①

怎么办 05

如何使用蒙太奇手法设计教学？

电影的基本元素是镜头，连接镜头的主要方式、手段是蒙太奇。教学的“镜头”可以是知识，也可以是环节，如何把一个个知识要点、一个个教学环节连接

① 董燕．由终定始 起承转合 单元整体设计实施新路径［J］．上海教育，2021（30）：81－82.

起来，有时候教师可以借用电影蒙太奇手法来整体设计。那么，如何使用蒙太奇手法设计教学呢？

这么办1

使用“复现蒙太奇”

复现蒙太奇是指让一些重要的物件、场面反复多次出现在画面中，一是起进行强调、引发注意、获得重视的作用；二是起厘清脉络、划分层次的作用。在教学中，教师可以采用复现蒙太奇手法，例如设计“跟着教具学知识”，让教具反复多次出现在学习画面中，引发学生注意，厘清知识脉络，划分学习层次。

在“角的认识”一课，我们使用复现蒙太奇手法，设计“跟着三角尺学‘角的认识’”，让教具三角尺反复出现了三次：

第一次出现在第一环节教学的开场，教师的画外音“三角尺，三角尺，（重音在‘角’字上）说明它上面有……”引起学生对主角“角”的关注，引入“角的概念”的学习；

第二次出现在第二环节教学的开场，教师的画外音“三角尺，三角尺，（重音在‘三’字上）说明它上面有……”引入“角的多少”的学习；

第三次出现在第三环节教学的开场，引导学生由“有三个角”进入“角的大小”的学习。

以往“角的认识”这节课，教师一般只是把教具三角尺作为引出“角”的导入，现在让教具三角尺在每一个重要场合（环节）反复登台亮相，给学生留下了深刻的印象，每次拿起三角尺，学生脑海中必定会浮现出上述知识，此时，教具真正成了学生学习知识、复习知识的载体。

这么办2

使用“对比蒙太奇”

对比蒙太奇的特点是把两个意义相反的画面、声音或色彩等组合在一起，形成强烈的反差，从而加强节奏，增强艺术感染力。在教学中，对比蒙太奇手法常表现为对知识或对内容进行对比。

有个学生写了一篇《刹车以后》的作文，构思不错，但在叙述情节时太平铺直叙，不能形成一种鲜明对比的节奏。其中一段是这样写的：

……司机越发提高了嗓门，愤愤然地望着那老头。老头好久没答上话。身边的姑娘忍不住了，说："爹，算了吧，我们不和他争了，争也争不过的。""想溜，没那么容易"，车下帮腔的人嚷了起来。老头颓然地望着司机："师傅，你看我那自行车，断了两根小玩意儿，龙头也歪了，我看算了吧，啊，大家别为这些小事伤了和气。刚才是我们的不是，对不起师傅了……"车上的乘客有些等不及了："唉，师傅算了吧，别再耽搁了，开车吧。"司机想了想："好了，这次放过你，要不是大家急着赶路，我定和你没完。"说罢钻进车内，啪的一声关上门。车后留下一阵尘土把父女两人包裹起来。我吁了口气，总算没耽搁很长时间，想着即将见到的久别的妈妈，心里不由一阵欢喜。

回头看看司机，他似乎很愉快，我不禁纳闷：车灯坏了，还穷开心什么。终于，我忍不住了，问司机，他竟哈哈大笑，告诉我："那车灯本来就是坏的。"……

学生已经意识到了"反差"的效果，可惜没有制造出一种强烈的对比气氛。假如作者能够运用对比蒙太奇的手法，捕捉住几个对比点来记叙，那么，文字就会更简洁，讽刺的意味就会更强。对比点可以是这样几个：第一，司机的紧逼和父女的退缩；第二，乘客停车时的焦急和开车后的欢喜；第三，司机的前后情态。假如能这样层层对比，画面的立体感就呈现出来了。①

另外，对比蒙太奇手法还可以运用于习作教学，开展"反差"构思，制造"反差"气氛，从而提高作文的艺术感染力。（参看配套U盘视频：如何运用对比手法写作②。）

这么办3

使用"平行蒙太奇"

平行蒙太奇是指把同一时间不同地点发生的有关事件、场面连接起来，让它们有条不紊地呈现在观众面前，使剧情得以平行发展。在教学中，传统做法是把

① 步根海．对比反差的效果——对比蒙太奇习用［J］．语文学习，1987（05）：35－36.

② https：//www.bilibili.com/video/BV1Yi4y1o7oMCici. 老师微课堂的个人空间——哔哩哔哩视频．

知识难点进行分解，单独拎出来作为例题先行教学，为接下来的整体教学铺平道路，其弊端是很容易使课堂缺少“最后一分钟”的困难遭遇，也就缺少“最后一公里”的任务挑战，还缺少“最后一关口”的紧张体验，学生有“学习被安排”的被动感。对此，解决之道是让困难自然发生，学习也就自然发生。

在数学“乘数中间有0的乘法”教材中，先编排例1教学“0乘任何数都得0”，然后才编排例2教学“用竖式计算乘数中间有0的乘法”。

教学时，我直接出示例2，学生在列竖式计算102×4中自然遭遇困难——“0×4是多少呢”，此时再插入教材例1教学就非常自然。

其实，“0乘任何数都得0”是“乘数中间有0的乘法”的题中应有之义，它们属于“同一时间不同地点发生的有关事件”，无须分割成两道例题，这样的“插叙”式教学，还以知识的本来面目。

最后，学生根据“乘数中间有0的乘法”还能猜想出其“平行知识”——“乘数末尾有0的乘法”，期盼下一节课的学习。

这么办4

使用“颠倒蒙太奇”

颠倒蒙太奇手法是一种打乱时空顺序、重新构筑结构体系的蒙太奇表现方法。在教学中，类似的方法有“以终为始”的逆向设计，把传统的“由教定学”颠倒成“由学定教”。

教学政治“人民币的汇率”时，我们从学习效果出发逆向设计教学：学生希望理解人民币汇率变化的趋势，特别是中美贸易战之后，人民币汇率如何走向才是最有利的；当前人民币汇率的持续走低对我国经济发展有什么影响，我们该如何应对这一局面。

如此逆向设计并不会脱离课本，因为判断人民币当前走势和影响的知识来源仍然是课本，通过解决问题激活知识，可以提高学生分析问题、解决问题的能力，自然在学习过程中学生的积极性也就被激发出来了。①

① 张华.“以终为始”的逆向教学法在高中政治课堂中的运用［J］. 中学课程辅导（教师教育），2018（18）：86.

这么办5

使用“隐喻蒙太奇”

隐喻蒙太奇要求镜头之间存在某种微妙的类比联系，通过“相似点”“具象点”“寓意点”，突出事物之间的有关特征，促使观众领会其中内在的、深层的含义。在教学中，教师可以将知识塑造成一种熟悉而生动的形象来隐喻知识的生长以及知识之间的关系，以此获得耐人寻味和发人深思的教学效果，帮助学生“领会其中内在的、深层的含义”。

“多边形面积”单元教学时，我们引导学生用“知识树”形象把长方形、平行四边形、三角形和梯形面积公式推导方法通过“相似点”连接起来（见图1），“寓意点”是知识的生长。复习时，我们又引导学生换一种角度看这棵“知识树”，获得新感悟：除了看到梯形面积公式的“万能”（见图2），还发现三角形面积公式同样“万能”（见图3）。

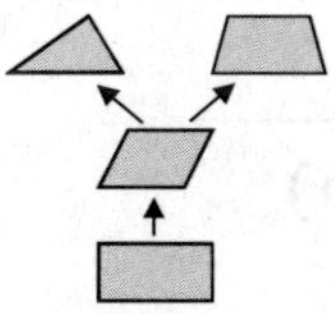

图1

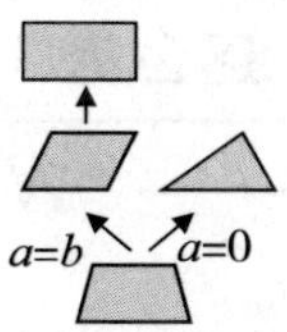

图2

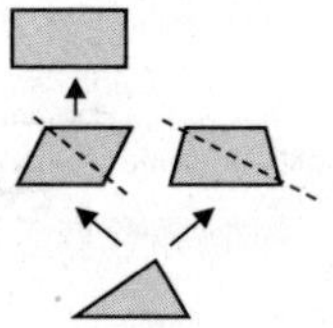

图3

继续“突出事物之间的有关特征”，“知识树”又产生了新的景象：不仅与圆形和圆环面积公式建立了微妙的联系（见图4），而且还由“多边形面积”类比联系到“多边形内角和”（见图5），最后还延伸到等差数列的计算（见图6）。

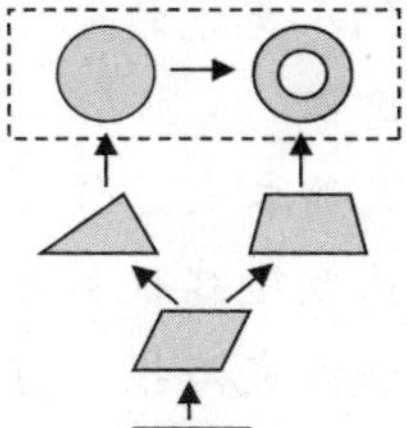

图4

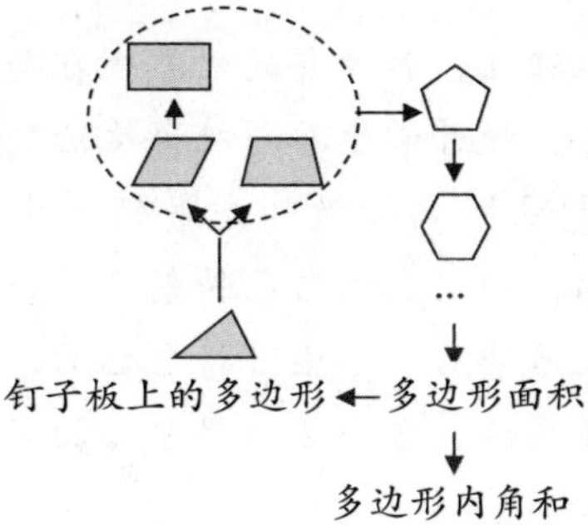

图5

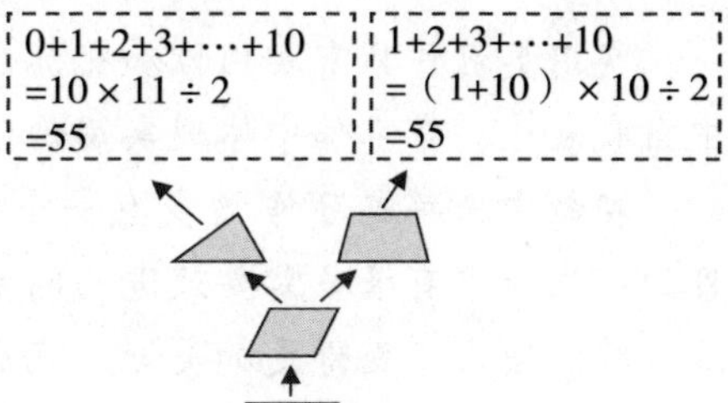

图6

怎么办 06

如何用“WOOP 思维”设计教学？

“WOOP 思维”是著名心理学家、美国纽约大学及德国汉堡大学心理学教授加布里埃尔·厄廷根提出的。“WOOP 思维”中的“W”（Wish）意为“表达愿望”，第一个“O”（Outcome）意为“想象结果”，第二个“O”（Obstacle）意为“寻找障碍”，“P”（Plan）意为“具体计划”。通过运用这种思维方式，那些参加调查研究的人员在提高学习成绩、培养良好的人际关系等方面都有了显著进步。那么，教师该如何用“WOOP 思维”设计教学呢？

这么办 1

表达愿望——“W”（Wish）

“WOOP 思维”中的“W”（Wish），意为让学生在学习之前先“表达愿望”，期待发生的目标，以激发学习的需要，如果接下来的学习能够实现愿望，那么“要我学习”就会变成“我要学习”。“WOOP 思维”理论可为教师揭开梦想与成功的心理学秘密，使得“心想”更能“事成”。

实用类习作具有实用性和交际性特点，教师要鼓励学生在与他人交流的过程中自我表达，在习作中体现实用价值，提升学生参与社会生活的意识。

在教学三年级习作《我有一个想法》前，教师先带领学生明确本次习作的目的：生活中有很多需要改进的问题，积极表达自己的想法，提出改进建议和办法，就能使生活变得更加美好。完成习作后，学生可将自己的想法做成海报进行宣传，让想法变成现实，用行动改变生活，进一步凸显习作的实践意义。[①]

---

① 徐伟，仇延东．夯实基础　快乐起步——三年级习作教学新探［J］．小学语文，2022（06）：57－61.

每个学生都有“使生活变得更加美好”的愿望，而写成文章、做成海报是表达愿望很好的途径，此情此景之下，《我有一个想法》习作就成了学生的需要。

这么办2

想象结果——“O”（Outcome）

“WOOP思维”中第一个“O”（Outcome），意为让学生“表达愿望”之后“想象结果”——如果目标达成了，最好的结果是什么？从而进一步坚定学习的目标，进一步强化学习的需要。

数学学习中，学生对简便计算的感觉就是玩数字游戏，为了简便而简便。有的学生还讨厌进行简便计算，因为要背记一些运算律或运算性质，书写过程也比较麻烦。

解决的方法：教师在教学前，不妨让学生看到学会简便计算之后最好的结果是什么——很多时候不再需要笔算，可以直接口算，轻松得到结果，这在日常生活中特别在购物计算费用时会感到很方便。

这么办3

寻找障碍——“O”（Obstacle）

“WOOP思维”中第二个“O”（Obstacle），意为“寻找障碍”，即在学生“表达愿望”并“想象结果”之后开始自我评估：实现愿望和获得结果是否有障碍以及障碍在哪里，反映在学习上，是否还缺少知识以及缺少哪些知识。露西尔·鲍尔说：“知道自己不能做什么，远比知道自己能做什么重要。”还有人说：“知道什么是知识，不知道什么是智慧。”

心理学研究表明：“心理对照”和“执行意向”两种策略是缩小目标意向与目标达成之间鸿沟的主要方法。心理对照是指个体清晰地构造出关于目标实现以后的收获以及现实中可能遇到的障碍的心理表征。执行意向是指将情境线索与有效反应联系起来的“如果—那么”计划，其结构为“假如处于某种状态下，我就采用相应行动以达成目标”。对学生来说，那就是评估自己“假如处于‘无知’状态下，我就采用‘学习’行动以达成目标”。

在外研版教材八年级“It might snow”中，其话题是天气，语言知识点为与天气、温度相关的词汇和句型。在设计教学活动时，我以学校广播站招收英语天气预报员为主题情境学习任务，创设了 talk about the weather、learn about the weather in China、learn about the weather around the world 和 have a try 四个小情境学习任务。四个小情境学习任务围绕 How to become a good weather reporter 展开，环环相扣，层层递进，让学生在参与真实学习任务的过程中，习得新的语言知识和语言技能。

此外，我将招收英语天气预报员的情境延伸至课后作业，让有意成为英语天气预报员的学生录制周末的天气预报视频，作为面试材料发送至学校广播站邮箱。

课中学习任务的情境和课后作业的情境，均源自学生实际生活，让学生在学习语言知识和语言技能的同时，将课堂所学迁移至现实生活。[①]

上述课例中，成为“学校广播站英语天气预报员”是每个学生的愿望，学生也能想象到“被选中是一件很幸福的事情”，不过，要成为学校广播站英语天气预报员要掌握哪些英语知识和技能，是每个学生接下来迫切开展学习的动力源。（参看配套 U 盘视频：耶鲁大学幸福课工具：WOOP[②]。）

这么办 4

具体计划——“P”（Plan）

“WOOP 思维”中的“P”（Plan）意为“具体计划”，也就是找到障碍，特别是关于知识方面的障碍之后，就需要通过新的学习来消除障碍。随之而来的问题是，有了学习需求之后，学什么、如何学、何时学、在哪里学、与谁一起学等方案的设计，由谁来做决定？

① 李思思．基于四维框架的初中英语听说整合教学真实情境创设［J］．教学月刊·中学版（外语教学），2022（Z1）：22－25.

② https：//www. bilibili. com/video/av929280018？fromvsogou＝1&bsource＝sogou&fr＝seo. bilibili. com. 天真布莱尔的个人空间——哔哩哔哩视频．

猎豹 CEO 傅盛说："认知的本质就是做决定。"可以说，能不能做决定是一个人有没有自主权的表现，会不会做决定是一个人有没有自主力的表现。美国自主学习研究者齐莫曼提出了一个系统的自主学习研究框架，就包括"学什么""为什么学""如何学""何时学""在哪里学""与谁一起学"六个方面，为学习者提供了自主学习判断的理论依据。也就是说，如果接下来学习的具体计划（方案）由学生自主制订（设计），那么就需要考虑这六大方面。

"包装节省纸"的低碳生活是许多学生的美好愿望（即"WOOP"思维工具中的"W"），学生很想知道"如何包装节省纸"的可行结果（即"WOOP"思维工具中的第一个"O"），因此，学生乐意接受这种具有实用性和探究性的任务。

在完成任务的过程中，学生发现障碍是"表面积变化"这一数学问题（即"WOOP"思维工具中的第二个"O"），因为比较复杂，就需要制订计划自主设计学习（即"WOOP"思维工具中的"P"）：

第一步，思考"先用几个做实验拼一拼"，学生根据"从简单到复杂"包括的"从少到多"这一探究方法，决定先用两个拼；

第二步，思考"用两个长方体拼还是用两个正方体拼"，学生根据"从简单到复杂"包括的"从特殊到一般"这一探究方法，决定先用两个正方体拼……

就这样，教材上原本教师设计的教学过程就变成了学生自主设计学习的过程，这才是真正的自主学习。

这么办 5

学会学习——"U 型学习"

要制定学习方案，就需要学会"学习"。2019 年，《中国教师报》发布的"学习的秘密"报告认为，"学习"是需要学习的。学习不只是一种态度、一种需求，它还是一种方法和一种技能。学校最应该开发的一门课程应该是"学习学"课程。确实，一旦学生掌握了"学习学"课程，就能用于自主设计学习。

在教学"乘法口诀"的时候，学生如果不只是在学习知识方法，还同时在学习"老师是怎么教的"（即"我是怎么学的"），那么当学到一定的阶段，后续乘法口诀他们或许也会当小老师来自主设计学习。

正如“U型学习”（沉下去学习、浮上来表现）一样，在“学会学习”的过程中，学生同样会经历“学教师的教（下沉）→学会教师的教（沉底）→会学教师教（上浮）”的“U型学习”过程。

怎么办07

如何进行教学的逆向设计？

在《高效人士的七个习惯》一书中有一个习惯——“以终为始”。美国课程与教学论专家格兰特·威金斯和杰伊·麦克泰提出了逆向课程设计模式：首先明确课程目标，其次依据学习目标进行课程设计。“以终为始”的逆向设计也可运用于课时设计和单元设计。那么，教师该如何进行教学的逆向设计呢？

这么办1

把最终的练习作为开始——“哪里练就在哪里学”

一般情况下，教学过程与课后习题分属两个板块，有着“学与练”的割裂，让课后习题的解决沦为仅仅是追求答案的载体。教师可以采用教学的逆向设计，从最终的练习开始设计课堂教学，让课后习题给教学过程中的疑问“带学生去哪里，学生到达了哪里，下一步又该怎么办”指明路径。

五年级语文《军神》有这样一道课后习题：“沃克医生是怎么发现刘伯承是军人的？后来为什么称他为‘军神’？”教师可以作为初读课文、整体感知全文的抓手，驱动整节课的阅读学习，并进一步梳理这篇小说叙述的情节，在交流中引导学生关注作者从“问诊时—手术前—手术中—手术后”的时间顺序推进情节的发展。故事结尾沃克肃然起敬的表达，暗藏着小说另一条描写线索——“沃克医生的内心变化”。

另一道课后习题“从下面的句子中体会刘伯承的内心，再有感情地朗读”可以融入“精读感悟、品味军神”的教学板块，在初读教学结束后，构建话题“文中哪些文字写出刘伯承是一位军神呢?”来统领全文的学习。①

这么办2

把最终的用途作为开始——“哪里用就在哪里学”

有一种教学的逆向设计，就是把传统的“学以致用”翻转成“用以致学”，把最终的用途作为教学的开始。其中，学习不再只是为了知识而学习，而是为了生活的常识、生存的技能甚至生命的意义和价值而学习。

在“表面积的变化”一课中，我们把最后练习题的“包装问题”设计成实用性任务前置到课首，驱动学生自己设计“生活应用（任务目标）—数学问题—数学探究—数学规律—生活应用（任务目标）”的学习过程，首尾呼应，圆满完成生活的包装任务的同时也圆满完成知识的学习任务。

上述案例中教学的逆向设计，把“情景导入”与“应用练习”合二为一，节省了课堂时间，提高了课堂效率，更重要的是，此时情景的功能不再是过河拆桥的导入，而成了驱动学习长驱直入的动力源。

对于五年级习作《形形色色的人》，教师以终为始，围绕驱动任务“编制校园版的《俗世奇人》”，与学生一起制定选文标准，鼓励学生以鉴定师身份鉴定典型事例，体验编委角色修改典型事例，运用微课学习描写人物，在自评和互评中提升习作质量。在学生的笔下，生活中的人物焕发出了生气。

---

① 窦丽．课后习题：打开语文逆向教学设计的新思路——以统编教材五年级下册《军神》为例［J］．语文教学通讯，2021（12）：29－30.

这么办3

把最终的美好作为开始——“哪里好就在哪里学”

一个人去菜场买菜，看到地上有个一块钱硬币，弯腰去捡却怎么也抠不起来。这时，旁边一老人笑呵呵地对这个人说：“小伙子，胶水质量还可以吧？买一瓶吧！”

我们都知道胶水的用途，但它的好用如果能让顾客实实在在看到，那比靠卖家扯着嗓子喊要管用得多。同理，在教学中，有一种教学策略就是“把最终的美好作为开始”逆向进行教学设计。

在“3的倍数的特征”一课的教学中，我们在课一开始设计了一个比赛任务：学生任意说一个数，判断这个数是不是3的倍数，与老师比一比，看谁最快。结果老师总能胜出，哪怕学生借助计算器。这一比赛任务，让学生一开始就看到了学习之后的好处——不用直接计算就能快速判断一个数能否被3除尽，这一方法以后还可以拓展到小数除法。如此本领，没有哪个学生不想拥有，于是探究“3的倍数的特征”成了学生的自觉行为。

富兰克林说：“用利益而不是道理来说服人。”上述课例中教学的逆向设计，让学生一开始看到了知识学习对自己的利益所在，此时就无须再讲道理来说服学生学习。其中，对学习价值的评估不再在教学的最后，而是逆向设计，将其放到教学的开始就进行。（参看配套U盘视频：逆向教学设计法[①]。）

这么办4

把最终的困难作为开始——“哪里难就在哪里学”

奥地利诗人莱内·马利亚·里尔克说：“生活中没有初学者的班级，它总是要求马上就开始最难的。”在教学中，教师可以观照生活的本来面貌，让学生的

① https://tv.sohu.com/v/dXMvNjMzMzgyODUvMzE5Nzk4MjEuc2h0bWw=.html?vid=31979821&wx=0. 纳兹325的视频空间——搜狐视频.

学习也直面困难，把最终的困难作为开始逆向设计挑战性任务。

对于“多边形的内角和”一课的教学，传统教学方式都是从“三边形的内角和”到“四边形的内角和”“五边形的内角和”“六边形的内角和”……循序渐进，拾级而上，至于到哪一步开始找规律，一般由教师说了算。为了改变这种学生“奉命行事”的被动学习，我们在课一开始逆向设计了挑战性任务：“你能说出二十边形的内角和是多少吗?”假如学生还想通过画二十边形来寻求答案，教师干脆可以一开始就提出“你能说出一百边形（甚至一千边形）的内角和是多少吗?”这样更高的要求来为难学生，迫使学生只能遵照“从简单到复杂”的一般探究方法，从“三边形的内角和”开始观察有没有规律以及探究有怎样的规律。也就是说，此时“以退为进”的探究，培养了学生找规律的意识。

这么办5

把最终的苦恼作为开始——“哪里痛就在哪里学”

我们都有这样的生活经验：“越痛记得越牢。”学生学习也有这样的“痛点”，不过，学习之痛未必都是“划破手指”的疼痛，除了学习中的失望和失败，烦恼和苦闷都可能给学生“痛苦”的感受，例如语文中的习作。教师可以由让学生感到“头疼”（困难）的事情或问题开始，进行教学的逆向设计。

小学语文每个单元大都由“精读课文”“略读课文”“口语交际”“习作”“语文园地”等组成，那能否先教习作、口语交际，再教略读课文、精读课文呢?

语文的单元学习，学生能写出一篇本单元相关主题的文章，应该是“结果”。找到这个结果，就从此出发，便有了一种新的教学。先教习作，不要指导，让学生按照习作要求自由写一篇文章，教师要通过巡视发现学生存在哪些问题，学生自改，誊写交给教师，然后教口语交际，通过口语交际真实主题的相关教学，让学生有序、完整地说，说的目标达成后，最后让他们看看能否以自己所说对自己的文章再来一次修改，这是口语交际给予学生的第二次自主修改习作的智慧，接着教单元课文，教师应该看看这组课文能否解决本次习作学生出现的问题，根据问题重新排课文的教学顺序。这种教法不是把课文原本的教学任务丢弃，只是把课文藏着的写作智慧找到，让学生进一步地修改文章，最后再教习作，让每位学生的单元习作变成作品。

逆向性单元教学给予学生真实的学习范式，不仅没有降低课文的“理解”教学，相反，课文教学有了更多层面的深度，因为课文给予学生的写作智慧需要多种理解的参与才能找到。最重要的是，学生习作要经历多次多元性的修改形成作品，这是顺向性教学很难有的教学效果。①

怎么办 08

如何上好复习课？

复习课在教学中占有很大的比例，从时间上划分，复习课大致有期中的单元复习课和期末的总结复习课。由此可见，复习课教学质量的好坏不仅影响着学生学习效果的好坏，还影响着学生学习情感的好恶，从这个意义上看，上好复习课的重要性并不低于新授课。那么，教师该如何上好复习课呢？

这么办 1

复习情境让学生主动

很多学生对复习课反感的原因在于看不到知识的实用性，教师只是一味地“单炒饭”，复习缺乏滋味。对此，与新授课相比，复习更应该注重情境创设，让复习成为一种有滋味的“蛋炒饭”，让学生看到知识的实用性。

① 高子阳．从单元逆向教学设计出发［N］．中国教师报，2020－09－02．有改动．

利用项目进行单元知识复习，将学生置于一个完整而真实的情景过程中完成知识的再现，对培养学生的实践应用及迁移创新能力有独特的功能和价值。据此，我以“科学探究假黄金真面目”为项目载体，以“科学鉴别假黄金”为项目学习成果，把“金属和金属材料”的单元知识体系和学生的实验技能融合，使学生经历基于任务驱动的项目式学习过程，引导学生应用所学的知识解决生活问题。基于真实情境的项目式单元复习课，不仅能巩固所学知识，还能引导学生慧眼识“金”，体现化学学科价值。①

这么办2

复习整理让学生主笔

复习课由于知识点比较多，教师一般会替学生设计好清晰的框架和思路，让学生照章办事即可。知识复习的整理工作其实完全可以让学生自己完成，学生会根据自己的理解和爱好设计出各种整理方法，并在相互交流中得到启发。

一位教师在进行“运算律总复习”时，按照教材编排让学生通过填表的方式复习学过的运算律，然后回顾以前新知识学习时的教材例题内容，最后比较各种运算律的不同点和相同点。

整理已经学过的运算律，并填写下表。

名　　称	举　例	用字母表示
加法交换律	$18+25=25+18$	$a+b=b+a$
加法结合律		
乘法交换律		
乘法结合律		
乘法分配律		

如果让学生自主复习，他们就会按照自己的方式来整理运算律，此时，学生就可能会运用教材上没有的但具有个性化的一些整理方法。

方法一：按照运算的不同分类整理，可以分为加法运算律（包括加法交换

① 陈琼兰，许燕，张贤金．基于真实情境的初中化学项目式单元复习教学实践——以“金属和金属材料”复习课为例［J］．福建基础教育研究，2022（05）：129－132.

律、加法结合律)、乘法运算律（包括乘法交换律、乘法结合律、乘法分配律)；

方法二：按照规律的不同分类整理，可以分为交换律（包括加法交换律、乘法交换律)、结合律（包括加法结合律、乘法结合律)、分配律（乘法分配律)；

方法三：按照对象的不同分类整理，可以分为对两个数来说的运算律（包括加法交换律、乘法交换律)、对三个数来说的运算律（包括加法结合律、乘法结合律、乘法分配律)；

方法四：按照难度的不同分类整理，可以分为容易掌握的运算律（包括加法交换律、乘法交换律、加法结合律、乘法结合律)、容易犯错的运算律（乘法分配律)。

在上述整理方法中，前三种方法是从知识内容上进行整理的，而最后依据的是学生的学习感受。另外，在追问方法二的分类理由时，自然而然地把原来设计中的“比较各种运算律的不同点和相同点”这一环节的教学目标实现了，一举两得。

复习一些内容多、关系杂的知识时，可以把整理过程提至课前，学生可以边学新知边整理，也可以学完新知再整理。这样，学生有足够时间来构思整理，呈现文字式、表格式、框架式、图画式等的个性化作品。

这么办3

复习活动让学生主讲

既然知识的整理方法可以由学生主笔设计，之后的复习主讲也可以让学生来实施。教师可组织学生把课前或课首整理的作品进行展示、交流、欣赏、评析。一次比较，就是一次复习，不同的比较，就有不同的感受。其中，教师只需对一些知识重点或难点进行点拨、疏通或重组，帮助学生更好地整理和复习知识。

一位教师在进行“正比例和反比例知识复习”时，复习的过程就让学生讨论决定，一位学生对“正比例”和“反比例”咬文嚼字，主张先复习“比”，接着复习“比例”，最后复习“正比例和反比例”，这一文字的拓展过程也正是知识的拓展过程，于是教师顺势把学生分成三大组，分别研究“比”“比例”“正比例和反比例”等知识板块的复习内容和复习方法，然后依次组织主持全班学生的复习活动。

教师更应该让学生复习平时的错题，说一说“病源”“病理”“药方”，这对于自身是一次反思和巩固的过程，对于旁人则是一次提醒和复习的过程，学生爱讲，学生爱听，比由教师苦讲的效果要好得多，学生的“错误”成了很好的复习资源。其中，教师只需把学生未讲到的一些知识重点、难点或注意点再示例题进行精讲即可。（参看配套U盘视频：复习课的设计思路和复习攻略①。）

这么办4

复习题目让学生主编

复习课最忌讳的是题海战术，在复习阶段，学生对一些基本的复习题大多已经掌握，所以教师应该减少一些比较简单的题目，如果为了知识衔接或照顾后进生的需要，仍然需要呈现一些基础知识的基本练习题，此时就可以改“教师供给”为“学生编题”，从而避免学生可能产生的厌倦感。

对于“运算律总复习”一课，在基本练习阶段，教师可以提供给学生几个数，让学生根据数的特征自己编写简算题：“96，125，4”，学生根据这三个数可以编出有关加法交换律、加法结合律或乘法结合律的简算题；“25，48，125”，学生既可以编出加法简算题“25 + 48 + 125”，也可以编出乘法简算题“25 × 48 × 125”，对“25 × 48 × 125”的简算方法，教师借机可以“小题大做”。

教师还可以让学生将自编的复习题提供给其他学生来解答，然后由出题生评改；同学们也可以交换自编题，相互“考试”，相互批改，相互评析；教师也可以从中择优加工汇编成单元测试卷。教师可以把学生遗漏的一些知识编成习题进行补充练习，同时根据知识的生长点编写一些发展性习题或综合性习题进行专项提高。

① https：//www.bilibili.com/video/BV12R4y1u7uf/. 小娅老师的个人空间——哔哩哔哩视频

这么办5

复习成果让学生主创

好的复习课应能拓宽学习思路，培养学生用多维视角审视和分析问题的能力；好的复习课应能突出价值引领，使课堂教学从知识立意、能力立意走向素养立意。

对于初中历史“资本主义制度的初步建立”这一单元复习课，可以运用全球史观、文明史观、现代史观和唯物史观，引导和启发学生分析资本主义制度的历史价值和历史影响，培养学生多角度思维方式。

复习，特别是总复习，常常潜藏着极深的知识价值，那是因为经过一段时间的学习积累，学生见多识广，对知识会有更新、更深的认识。

一位教师在进行“运算律的总复习”时，复习各种运算律所表示的意义，学生大多通过抽象的文字表述或字母表示来解释，一些学生通过列举实例的方式来解释，这时有一个学生却是用学过的线段图知识来解释加法交换律和加法结合律，用长方形的面积和正方体的体积相关知识来解释乘法交换律、乘法结合律和乘法分配律（见图1）。

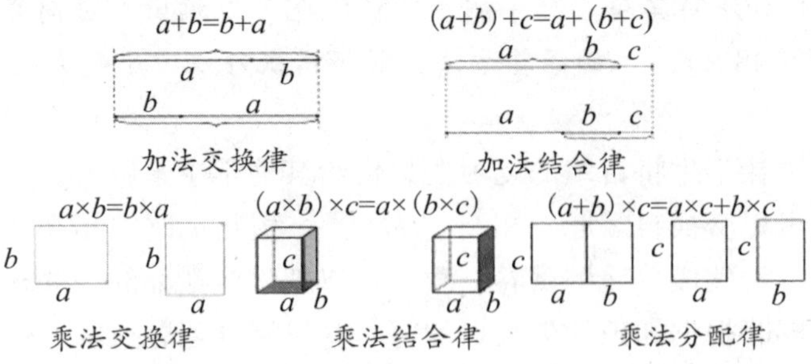

图1

这种数形结合的知识解读，是学生在经历了运算律知识和形体知识的学习之后思想的综合反应，可以说这种思想是学习的一种创造。

专题二　教学技能

技能，意为通过练习形成的、控制动作执行的、合乎法则要求的行动方式。教学离不开技能，涉及情境导入、问题提出、难点突破、变式运用、策略选择、板书设计、总结整理等。技能水平越高，教学水平越高。

怎么办 09

如何设计情境导入？

苏霍姆林斯基说：“如果教师不想办法使学生达到情绪高昂和智力振奋的内心状态，就急于传授知识，那么这种知识只能使人产生冷漠的态度，而不动感情的脑力劳动只会带来疲劳。”所以，教学之始、传授知识之前一般都安排课堂导入环节。

良好的开端是成功的一半。课堂导入主要是对学生情绪状态和思维状态的调整，而有“情”又有“境”的情境导入，就能很好地吸引学生进入学习的准备状态。那么，教师该如何设计情境导入呢？

这么办 1

设计生活情境

知识来源于生活，许多知识与生活情境存在直接的联系。由此，我们可以借助生活情境的创设完成知识导入。因为生活情境学生比较熟悉，导入能够拉近学生与知识之间的距离，另外，借助生活情境导入知识学习，学生可以充分感受知识的有用性，产生学习动机，获得情境体验。

以《学弈》这篇文言文的教学为例，这篇文言文主要讲的是弈秋教两个学生下棋的故事。现在的学生对“下棋”这项活动一点也不陌生，多才多艺的他们甚至很擅长下棋。在进行这节课的教学设计时，教师要有将生活中的下棋场景搬到课堂上的预期，给学生营造一种能够亲身体验的场景，让他们通过对“下棋”这一情境的体验和观察获得更多的教学感受，加深他们对故事内容的把握和理解。

对学生来说，“做”的效果永远比“看”和“听”好，当教师秉持将生活化情境融入语文教学中的教育理念时，他们会有意识地将文章中的故事转化为生活化情境搬到课堂上，让学生获得更多“做”的机会，提升课堂教学整体效果的同时让学生获得更为丰富的人文体验。

在设计和安排《学弈》这篇文言文的教学案例时，教师就可以将“下棋”这一活动搬到课堂上，邀请学生分角色扮演那两个学生，并在模拟结束后给全班同学分享体验心得和感悟。这样的教学方式能有效增加师生间的互动，让学生在情境的体验中拥有更多教学收获，也能让教师更加高效地达成课堂教学目标。①

这么办2

设计活动情境

学生普遍喜欢能够动眼的观察活动，更喜欢能够动手的操作活动，当然，学生最喜欢能够动情的游戏活动，以及能够动身走出教室的实践活动。活动情境的导入，不仅能让学生“活”起来，活跃气氛，活跃思维，而且能让学生“动”起来，积极动手，积极动脑。

在学习初中信息技术“视频素材处理”这节课时，为了让学生对本节课程知识内容重视起来，感受到视频文件素材处理的应用效能，教师在课前为学生设计了一个实践活动情境导入。教师组织学生拿着手中的拍摄设备，走出教室来到操场、校园活动区，让学生与大自然亲密接触，并且让学生用拍摄设备自由拍摄自己喜欢的景色。

学生在室外实践活动中感觉非常兴奋，而且通过自己的视角拍摄了大量的景色视频，有大树、草地，还有小鸟等。这些视频是学生对大自然的观察视角，学生非常喜欢。当学生拍摄完后，教师组织学生来到教室，让学生选取自己最喜欢的视频。这时学生发现在视频选取时会非常麻烦，需要一个一个将视频打开，并且视频中还有很多不喜欢的部分。这时，教师再向学生引入本节课程知识的学习重点“视频的编辑技巧”，引导学生对自己拍摄的视频进行编辑、删除、剪切等处理，制作出自己喜欢的视频。②

---

① 王金红．生活化情境教学融入小学语文课堂的研究［J］．课外语文，2022（09）：89－91.

② 娄扣银．试论初中信息技术教学中优化情境导入的应用［J］．中学课程资源，2022，18（03）：25－26.

这么办3

设计影像情境

心理学研究成果表明，人们获取信息的来源，其中83%来自视觉，11%来自听觉。所以，课前教师可以收集图片、视频、短片、实物、模型、幻灯片、动画等资料，精心挑选和设计与教学内容相关的素材，通过展示给学生形成的视觉冲击吸引学生的注意，激发学生的求知欲。再通过问题引导，调动学生的积极性和学习兴趣，激发学生的思维。这种课堂导入方式可将抽象事物具体化、形象化，使学生快速进入新课的学习探索中。

物理教学中，教师可以通过展示“太阳”“闪电”“发光的水母”“舞台的灯光”等各种色彩美图引入“光的色彩颜色”，通过播放猎豹奔跑的视频、运动员冲刺的视频等引入“速度”，通过展示汽油机和柴油机的模型引入“机械能与内能的相互转化”，等等。①

语文教学中，学习《桂林山水歌》时，教师可围绕桂林山水的特点，利用几个主要景点的视频，制作成桂林山水的欣赏影片，在进行课文欣赏时，适时直观地呈现在学生面前，体现出“人在画中游”的意境。同时配以激情、优美、舒畅的配乐朗读，使学生体会到大自然的美丽和作者赞美祖国大好河山的真挚感情。

有时候，教师可以采用表演的方式创设情境，甚至演绎成一个情景剧，导入教学，这同样会受到学生的喜欢。（参看配套U盘视频：《回乡偶书》情境表演导入古诗②。）

① 许巧娥，张美光．浅谈初中物理情境导入素材的选取与运用［J］．中学物理教学参考，2021，50（36）：6－7.

② https：//tv. sohu. com/v/dXMvNjMzNDg2MDYvMTk1NDg2MDYuc2h0bWw＝. html？ vid＝19548606&wx＝0. 明月松间照的视频空间——搜狐视频．

这么办4

设计故事情境

学生普遍喜欢听故事。故事情境导入对学生有特殊的吸引力，能够给课堂带来新的教学活力，引领学生更快速进入课堂学习状态中。教师可以关注故事内容与学科知识的有效对接，通过故事发现问题，通过故事引出知识，通过故事揭示道理，通过故事勾起回忆。教师还可以把所教知识变成一个故事，作为串联整节课的教学情境。

教学苯分子的化学结构式时，教师整理了“化学家凯库勒做梦中发现苯分子环式结构”的化学趣味故事，在课堂导入环节，创设故事情境：凯库勒在研究苯分子化学结构式时，按照常规的分析手段，做了诸多化学假设却始终不能得到正确答案。在一晚睡觉时，他梦到了一条蛇咬着自己的尾巴，首尾相连后演变成了一个环。正是在这个梦的启发下，他创新性地想到了苯分子可能是环式结构，顺利攻克了有机化学史上的一大难题。

教师借助故事情境，启发学生在脑海中想象一条蛇首尾相连的样子，配合演示挂图、板书等方式，导入苯分子的化学结构示意图。①

这么办5

设计任务情境

用任务驱动学习，可以驱动学生在完成任务中完成知识学习。用任务驱动学习，首先要做好任务准备，其中最关键的是设计好任务情境。譬如要让某人产生去超市采购食品的需要，不妨打开空空如也的冰箱，当他看到这样的情境，自会欣然接受去超市采购食品的任务，特别在自己肚内空空如也的情形下。

诗歌的核心要素是意象，如何激发学生探寻诗歌中的意象呢？如果以单一的提问法来推进课堂实施，驱动性不强，学生也未必理解意象的内涵。此时可以请

① 林锦秋．高中化学情境导入方式遴选探析［J］．新教育，2021（05）：35－36.

学生设计《我爱这土地》的插画作为有声读物的封面，来达到引导学生感受诗歌中丰富的意象这一教学目标。

在这样的任务驱动下，学生就需要探究这幅画上要选择什么事物、要画出什么特点及整幅画的布局及明暗色调等。可见，任务情境可以明快简捷而又水到渠成地引出教学内容，帮助学生理解教学内容。随后可以继续布置“设计插画”“撰写解说词”“录制朗诵音频”等情境任务。伴随着一个个学习任务的完成，学生会不断获得成就感和满足感，从而燃起求知欲。①

怎么办 10

如何设计课堂问题？

课堂提问是沟通教师、学生、教材的重要桥梁，是最关键、最主要的教学行为，是实现教学目标的主要方法，是促进学生思维发展的基本手段，是检测教学效果的有效途径。那么，教师该如何设计课堂问题呢？

这么办 1

设计“真问题”

首先，所提的“真问题”是来自或指向“真实世界”的问题，即问题是真实存在的，除了涉及所学知识，还要有实际价值。从学生熟悉的现实生活中提出

① 胡丹．依托教学情境　厚植家国情怀——任务驱动下的《我爱这土地》深度学习例谈［J］．语文教学与研究，2021（23）：84－87．有改动．

知识问题，由此引发的学习往往更有实效。

“燃烧与灭火”是初三化学核心概念，也是与社会、生活联系紧密的重要内容，更是培养学生学科素养的典型素材。通过学习，学生不仅能够知道燃烧和灭火的原理知识，而且还能掌握燃烧和灭火的方法，更懂得如何在现实生活中处理突发性的事件。

（1）任务主题：争当小小消防员。

（2）任务情境：某商店内，一名女店员往容器里倒酒精时，突然发生爆燃，形成火团，大家尖叫着带火冲出房间。

（3）任务问题：如果你在事故现场，勇敢的你这时会采取什么方法灭火呢？你会使用灭火器吗？若没有灭火器你又如何灭火呢？如果最终火灾发生了你该如何逃生呢？

（4）任务学习：①线上查阅资料，了解火灾带来的危害，了解不同类型灭火器的使用方法和灭火原理；②线下走访，了解市面上消防员常用的灭火器有哪些类型；③学生分组（每4个人为一小组）进行实地消防演习，体会不同灭火器的灭火效果；④学生小组讨论不同类型灭火器的适用范围，对实地消防演习的效果进行总结汇报，相互补充。[①]

其次，所提的“真问题”另一层含义是指学生在学习中真正需要或真实产生的问题，不是教师自以为是或教师自己想要的问题。也就是教师的提问要有针对性，能有的放矢地针对教学的实际内容和学生的实际水平，预测学生的问题所在。（参看配套U盘视频：课堂提问要直指目标形成梯度[②]。）

最后，所提的“真问题”，除了问题要真（真实的情境问题或真实的困惑问题），还要教师“真问”，不轻易通过语言、眼神、行为等方式暗示，甚至忽略学生的回答，只是走个过场。教师还要学会提问等待，留给学生3秒及以上的思考时间。

---

① 吴海霞．做真实有用的化学：从学科问题到中学化学教学真实性问题［J］．化学教与学，2022（17）：7－10．有改动．

② https：//www.xiaohongshu.com/discovery/item/6236a6d70000000021036740．石林老师·小红书/RED．

这么办2

设计“主问题”

设计“主问题”是指教师提问不能随意化、碎片化，要分清问题的主次，紧紧围绕“主问题”进行设问或追问。首先，教师要明确教学的目标，设计好提问的主要方向；其次，教师要明确教学的方案，设计好提问的主要路径，如问在知识的关键处、问在题目的变通处、问在规律的探究处、问在困惑的矛盾处……

在“圆的认识”一课中，可以提许多问题，基本上每一个知识点都可以提问，如什么是圆心、什么是半径、半径的特征有哪些、什么是直径、直径的特征有哪些、半径和直径之间是什么关系以及怎样画圆、是什么确定了圆的大小等。如果从圆与以前学过的三角形、长方形、正方形、平行四边形等图形的比较来看，最后的“是什么确定了圆的大小”就是本课的主问题，也就是要回答好这个问题，必须回答前面这些问题。

由此，本课教学时，教师应先复习学过的图形，学生知道“确定它们的面积需要几个条件”之后，教师出示圆，因为有了前面的铺垫，此时无须教师提问，学生自然生发“确定圆的大小，最少需要几个条件？”这一关键问题，然后教师趁热打铁，以此为“圆的认识”一课的主问题，组织学生探究。

设计“主问题”的另一层含义是指问题除了教师提，还可以由学生自己提，由此体现学习的主体作用，教师应该努力培养学生的提问能力和提高学生的提问水平。

在国外某教师在课堂上掷骰子，到底上的是什么课呢？

原来是一节名为“茶（Tea）”的阅读课。当学生通读完文本，老师把他们分成几个小组，然后拿出一个大大的骰子抛起来，骰子旋转停稳，向上的那一面有一个大大的“Why”。老师问：“为什么茶在亚洲最多？”当看见有学生举手时，老师却说：“这是我的问题，你们每个人都读了这篇文章，一定也有自己的问题，给每个小组一个骰子，每人轮流投掷，遇到什么疑问词，就问什么问题，看谁能回答出来。”

老师把 when、where、who、what、why、how 6 个疑问词写在了骰子的6个面上，然后用掷骰子的方式让学生进行阅读理解。学生分小组对需要了解的问题进行解读，并以不同问题相互提问。国外学生对咖啡的了解远远大于对茶的了解，老师不仅带来了家里的茶让学生观察，还准备了大量的图片让学生感受不同国家的茶叶。

学生掷骰子后，出现“When”“Where”时，有学生会问：“人类是什么时候发现茶的，茶最早出现在哪里?”出现“Why”时，有学生则问了一个有趣的问题：“为什么在中国好茶需要送给皇帝?”学生的相互提问与解答使得一篇阅读理解变成了问题的“万花筒”。

国外教师用这种方法培养孩子的问题意识。①

这么办3

设计“大问题”

早在1912年，心理学家史蒂文斯在他的报告中指出：教师们每天提出近400个问题。问题多，其中一种可能是问题小，缺乏足够的深度与广度，由此，教师应该设计“大问题”，使提问包含的知识含量大、包含的思维含量大；另一种可能是问题弱，缺乏足够大的繁殖力，由此，教师应该设计“大问题”，使提问像一颗种子，引发学生不断提出新的问题。

在教学“千以内数的认识”时，我一改原来“一问一答”小步子走的教学方式，直接出示“大问题”：“计数器个位上的一颗珠子代表一个一，十位上的一颗珠子代表一个十……给你一颗珠子和一个计数器，你能想到哪些数？给你若干颗珠子和一个计数器，你能想到哪些三位数?”只用一个“大问题”，不仅呈现了比原来教学多得多的三位数的例子，而且这些例子都是学生创造的，并由创造的学生讲解它的意义和创造过程，更重要的是，它替代了原来要求学生举例的一次次提问。

① 清瑕．在美国课堂发现了哪些差异［J］．中国教师报，2020年05月27日第4版．有改动．

传统课堂教学大多是“一问一答”式的，教师提问时指定某个学生来回答，其他学生当倾听者，这逐渐让部分学生失去了思考和表达的动力。“大问题”，给了更多学生思考问题和回答问题的机会。

这么办4

设计“巧问题”

有个成语叫“殊途同归”，虽然目的地相同，但不同的走法可能会发现不同的风景。教学中的提问也是如此，虽然目的相同，但有时候“问得巧”却能实现“问得好”的效果。

在教学《司马光》一课时，一位教师提问：“从司马光砸缸救人这件事中，你觉得司马光是一个怎样的孩子？”学生几乎不假思索地回答：“是一个勇敢机智的孩子。”这当然也不错。

另一位教师却这样提问：“如果司马光生活在现在，你愿意和他交朋友吗？要说出理由来。”这一问，学生可来劲了。有的学生说：“我愿意和他做好朋友。因为他对朋友特别有情义、有责任，是信得过的好兄弟。”有的说：“他勇敢机智，在危急中不害怕，才能想出砸缸救人这样的好办法。”……显然，提问方式的改变触发了学生的情感世界，为学生的思考打开了一片新天地。①

这么办5

设计“活问题”

1967年，心理学家帕特等人曾要求190位小学教师各自提供他们的提问理由。归类后发现，教师的提问多指向低层次思维。69%的教师认为，提问是为了检查理解，有助于知识的教学；54%的教师认为，提问的目的在于诊断学生学习中的困难；47%的教师把提问看作对事实的记忆；只有10%的教师称，他们是为了激励学生去思考而提出问题的。

学者威伦等人提出，从问题的纵深程度（高阶问题和低阶问题）与开放程

① 周一贯．提问：教师亟须研究的学问［J］．小学教学参考，2022（07）：1－3.

度（聚合问题和发散问题）两个向度同时进行考查，教师提问可分为：低阶聚合、高阶聚合、低阶发散、高阶发散。教师应多采用开放性提问，使之达到“高阶发散”层次。

对于《孔乙己》一文，教师别出心裁从“记”字切入，提出一个开放性问题：“你在阅读小说后，最能记得的是孔乙己的什么？请用一个字或一个词来阐述。”牵一发而动全身，孔乙己这一形象逐渐立体化地呈现出来。

随后，教师又引导学生转换阅读视角：“同学们从多个角度阐述了对孔乙己这一文学形象的认识。再看看，文章中孔乙己以外的人对孔乙己印象最深的又是什么呢？”这一开放性问题再次引发学生探寻小说的主题。[①]

怎么办 11

如何提高学生思考问题能力？

教师的教学离不开问题，学生的学习同样离不开问题，教师需要培养学生的问题意识。问题意识是指问题成为学生感知和思维的对象，在学生头脑里形成一种悬而未决但又迫切希望探寻答案的求知状态。在问题化教学中，教师要提高学生发现问题、分析问题和解决问题的能力。那么，教师该如何提高学生思考问题能力呢？

① 韩刘学．开放性提问在课堂中实施的有效途径——从特级教师肖培东的课例谈起［J］．语文教学与研究，2018（05）：88－92．有改动．

这么办1

学会答问

在传统课堂上，教师提出的问题多而杂，“快餐式”问答导致学生的思考层次低、碎片化。要提高学生思考问题的能力，教师就要让学生努力回答挑战性问题。挑战性问题往往是学科核心问题，而学科核心问题就要直击本学科最为重要、最让学生疑惑的地方。

课文《田忌赛马》从表面上看，文本知识点好像难度不大。但是对于小学生来说，准确理解其间的策略却并不简单。那么如何突破教学重难点呢？设计有挑战性的问题，帮助学生厘清不同等级马的出场顺序，体悟孙膑使用的策略，就显得尤为重要。

对此，我设计的挑战性问题是：“田忌赛马取胜的原因是什么？有没有别的计策可胜？”课堂上一下子炸开了锅！不少学生直接画起了对阵图，借助可能出现的6种对阵图示逐个进行演示。经过逐一演示，学生终于明白，原来只有这一种办法才可以取胜。如此深刻的问题解决和丰富的学习体验，使他们对文本的理解理所当然越来越深入，孙膑的足智多谋深深地印在他们的脑海中。①

这么办2

学会提问

爱因斯坦指出：“提出一个问题往往比解决一个问题更重要。”问题提出能力已成为世界各国教育的焦点，也是学科核心能力的重要组成部分。在教学中，教师要让学生除了学会答问，还要学会提问。开始时可以“模仿问”，再到“规范问”，慢慢地达到“创新问”。

① 赵美玲．如何设计指向深度学习的挑战性问题［J］．安徽教育科研，2022（16）：7－9.

在交流中，学生的困惑主要在于缺乏提出问题的方法和策略，于是我及时加以引导："我们在预习的时候，可以从课题开始，不仅要观察图，还要仔细阅读文字，对新的名词、总结性的语句等都可以圈圈画画，想一想有没有疑问、补充，有没有想到学过的一些知识，和这些知识有什么相同或不同的地方……"

学生们若有所悟地点头。一个学生补充说："我们还可以问问好朋友。"

"没错，听听同学的见解，和同学一起交流，也可能会产生新的问题。刚才有同学说在书上找，是什么意思？"我趁机借题发挥，向学生示范提问的方法，引发了学生的各种答问——

"在书上找，就是说不能乱提问题，要和这节课学习的内容有关系。"

"看了书之后，想想自己有哪些知识还不会，然后把这样的问题提出来。"

"要让别人看懂你的问题，之前我看了一个同学的问题，我都看不懂他写的是什么。"

我又一次抓住疑惑示范提问："哦，提出的问题不仅要自己明白，还要让别人也明白，是这个意思吗？"

学生解释："在课堂上，如果老师或同学讲的内容有不懂的地方，可以举手提出来。"

…………①

这么办3

学会追问

学生思考问题能力的提高有一个显著标志，那就是学会追问。追问是引导学生开启进一步探索的"钥匙"，追问得好，有助于学生思维的深入，甚至冲破思维禁锢，绽放智慧之花，实现真正的深度学习。学生的追问，还可以形成良性互动，掀起新一轮探究和讨论的高潮。

教学《田忌赛马》时，教师要求学生进行梳理性阅读，找出文本的构思线索，并围绕这个线索展开思考：这个故事说明了什么道理？

学生开始阅读，并通过进一步讨论形成了共性认知：做什么事都要有细致观

① 杨艳．学生们眼中的"提出问题"［J］．小学数学教育，2021（24）：1.

察、认真思考的意识，只有改变一些做法，才能赢得最后的胜利。

此时，一个学生突然追问：“如果田忌改变策略的方法泄露了，对方是不是也会改变对策呢?”

教师一听，发现这是一个很好的生成性资源，于是借题发挥，组织学生进一步探究：“如果由你来设计对策，你会如何调整出场次序呢?”全班学生对这个问题都颇感兴趣，兴致勃勃地展开了思考和讨论。

这么办4

学会反问

事物都具有两面性，从正反两方面思考问题有助于学生进行深度学习，提升学生的辩证思维。法国社会心理学家托利得指出：“测验一个人的智力是否上乘，可以看看其头脑里能否同时容纳两种相反的思想，而无碍于其处世行事。”

学习了“正比例的意义”，在课终启发学生反过来思考：“有正比例，有没有反比例？如果有，反比例的意义会是怎样的?”于是“反比例的意义”就成了一个学生自主学习的目标任务，自然接续到下一节课的教学内容。

学习了“解决问题的策略：从条件想起”，在课终启发学生反过来思考解决问题的策略能否从问题想起，经过尝试，学生发现同样想得通，同样可以解决问题，随之学生又会反过来思考：“既然可以通过从条件想起解决问题，为何还要学习从问题想起解决问题?”这一困惑就可以成为后继教学需要解决的任务。

反过来思考，除了可以连接下一节新课的教学，还可以连接本节课后一部分知识的教学。例如“图形的放大与缩小”这节课，学生学习了“图形的放大”知识之后，下半节课的“图形的缩小”就可以让学生自己根据“图形的放大”反过来思考，然后选择一个图形自由缩小，最后汇报时，既可以像“老师”那样讲解自己是怎样进行图形的缩小，也可以用“同学”的身份评价其他同学的作品。

科学研究发现，善于逆向思维的人更聪明。这是因为人（其他动物也一样）的进化是单向的，他们本能地向前，拒绝后退，习惯加法思维而不习惯减法思维。我们可以做一个测试：从0开始每次加7直到98，和反过来从98开始每次减7直到0，分别所用的心算时间是多少。无疑，加法要快得多。所以，我们要经常训练学生能够反过来思考。(参看配套U盘视频：清华经管学院教授：真正的逆向思维是能多维度思考问题①。)

这么办5

学会质问

美国哈佛大学教授诺贝尔奖获得者温伯格说："不安于书本上所给的答案，而要去尝试一下，尝试发现有什么与书本上不同的东西，这种素质可能比智力更重要，它往往是区别最好和次好学生的标准。"如果学生具有了"不安于书本上所给的答案"的批判性思维，那么他们不仅会答问、提问、追问、反问，甚至会质问，而学会质疑问难是走向创新之路的关键一步。

在讲述《卖火柴的小女孩》童话故事之后，我深情地说道："文中的小女孩多么可怜啊，寒冬光着脚丫儿卖火柴，她要是能有你们这样的幸福日子，指不定多么热爱学习呢！"

突然，班长举手质问，表达了不同意见："老师，其实我们的生活也不全是幸福的。我们只是穿暖了吃饱了，但是我们的思想、我们的快乐童年都被禁锢了，我们大多数时间用来学习和考试，就像是一台永不停息的机器。"

班长的话音刚落，班上顿时炸开了锅似的争论起来。面对这样的场面，我呆住了，没想到学生会如此质问我的观点，它也深深地引起了我的思考。

---

① https：//www. ixigua. com/6672517152823575047？fromvsogou = 1&utm_ source = sogou_ duanshipin&utm_ medium = sogou_ referral&utm_ campaign = cooperation. 人文清华的个人主页——西瓜视频 .

怎么办 12

教学如何找到并突出重点？

在教学中，学生面对繁多和复杂的知识常常抓不住主线，但这样的知识常常就是教学的重点，一般处于知识内容的关节处、关系处和关键处，关联着文本发生与发展的过程和知识变动与变化的进程。教学中，如果能够突出重点，可以收到事半功倍的效果。那么，教学该如何找到并突出重点呢？

这么办 1

圈字，望文生“疑”

知识的发展有着一定的网络体系，由一个知识可以派生和枝生出许多相关的知识，所以，沟通知识之间的关系一般是教学的重点。教师可以通过“圈字”的做法引发学生疑问，突出教学的重点，把知识的这种因缘关系展现在学生面前，这样由此及彼的教学才会有足够的“宽度”。其中，概念的命名和课题的组成上也可以看到知识拓展的痕迹。

对于“百分数的认识”一课，教学设计是先揭示百分数的读法和写法，然后揭示百分数的意义。采用“倒叙”手法的理由是，很多学生在生活中已经知道百分数的名称和读写，于是教师利用学生的已知来导入知识。

在设计教学线索时，教师采用了圈字的方式，先在“百分数”的“分数”下画线，引出“百分数是分数吗”这一问题，由此教学百分数的意义；然后把“百”字圈上，提示百分数的特征；最后又在“百分数”下画线，引出“为什么要学百分数？”这一问题，由此教学百分数的作用。

这样“一字串珠”式的教学，使各环节之间的串联浑然一体，学生对知识的解读也很深刻。

这么办2

缩字，望文生“忆”

阅读教材内容时，教学的重点是让学生学会提取信息，检验学生是否读懂文本的重要标准，是看学生能否概括出文本的意思。文本意思概括的方法有很多，把文本缩成几个关键字就是其中常用的方法，既可以帮助学生理解文本，又可以帮助学生记忆文本。

小学三年级语文《不懂就要问》，教学以下重点段。

一天，孙中山来到学校，照例把书放到先生面前，流利地背出昨天所学的功课。先生听了，连连点头。接着，先生在孙中山的书上又圈了一段。他念一句，叫孙中山念一句。孙中山会读了，就回到座位上练习背诵。孙中山读了几遍，就背下来了。可是，书里说的是什么意思，他一点儿也不懂。孙中山想，这样糊里糊涂地背，有什么用呢？于是，他壮着胆子站起来，问：“先生，您刚才让我背的这段书是什么意思？请您给我讲讲吧！”

小学第二学段，所关注的词句更体现“重点性”，即学生难以理解、对读懂段落起着重要作用的词句。教学时，我采用“抓关键字”的方法指导学生读懂每个句群的意思：前四句以“扶”为主，分别圈出关键字“背”和“念”，后几句则以“放”为主，通过合作学习，学生找到的关键字分别是“背”“想”“问”。这样，通过读句子、找关键字，学生就读懂了每句话的意思。

接着，去掉圈画的5个关键字，让学生填空。最后，只留下5个圈画的关键字，让学生复述段落。在复述时，我引导学生关注句子之间连接词的运用。这样的训练拾级而上，通过朗读、填空、复述，学生在语文实践中明确了段落的表达特点。[①]

很多时候，教师讲不清知识或分不清文本，有一种原因是抓不住重点，也就无法突出教学的重点，而抓住重点有一种做法是抓取关键字词。（参看配套U盘视频：当众讲话总是不能突出重点？教你3个简单易上手的办法！[②]）

---

① 葛美红．如何指导学生读懂语段［J］．基础教育研究，2015（10）：54－55．有改动．

② https：//haokan. baidu. com/v？pd＝wisenatural&vid＝15566063950802872199．良辉演讲——好看视频．

这么办3

减字，望文生“议”

知识点有着一定的概括标准，追求用最简洁、最凝练的语言把概念表达清楚，其中的一些关键性字词往往有着“一字值千金”的作用。教学中，教师可以通过“减字”的做法引发学生评议，突出教学的重点，把知识的核心要点展现在学生面前，这样由表及里的教学才会有足够的“深度”。

在数学“梯形的认识”一课上，教师的教学重点放在了两个地方：一是放在了从“一个”梯形到“一类”梯形的提升上，能让学生概括更全面；二是放在了学生语言的表述上，对“一组对边平行，一组对边不平行”与“只有一组对边平行”的两种学生说法进行比较，让学生认识到后一种说法比较简练。之后的梯形与平行四边形的比较以及把平行四边形变成梯形的操作活动，教师注意引导学生采用后一种比较简练的说法来说，于是梯形概念的得出就水到渠成了。

最后，教师采用了减字艺术，组织学生讨论能否去掉梯形概念中的“只”字——“如果将‘只’字去掉，画出的四边形是否一定是梯形？”让学生再次聚焦“只”字，体会“只”字的简练和关键，从而留下深刻的印象。

这么办4

换字，望文生“异”

许多诗词名篇，讲究字斟句酌，一字百炼。我们在品味时，也要逐字品味，因为一个字用得恰当与否就可能关系到文本境界的高低、情感的表达是否准确，还有形象的生动与否。我们可以通过“换字”的做法引发学生讨论，突出教学的重点，帮助学生抓住“文眼”，把握文本精髓，使学生对文本的理解能够更准确、更精到。

我在指导学生品味诗歌语言时，感到多数学生并非辨不清哪个字用得好，而是对“好在哪里”“表达效果怎样”说不出所以然来。对此，我们可以运用换字比较的手段，引进比较对象，使知识差异凸显，也使教学重点突出。

教师可引导学生着重注意诗句中的一些动词，如“细雨鱼儿出，微风燕子斜”诗句中“斜”换成“飞”行不行？最终让学生明白：“斜”字里不仅有“飞”的动作，而且蕴含着“飞”字所不能表现的形态美；其次是一些表现色彩的词语，如“江碧鸟逾白，山青花欲燃”诗句中“燃”换成“红”行不行？最终让学生明白：“燃”不仅比“红”更艳丽，而且写出了景物的动态美。①

这么办5

连字，望文生“意”

知识的发生有着一定的形成过程，教师应该把知识的这种生长过程展现在学生面前，这样由点及面的教学才会有足够的“长度”。其中，从概念的命名和课题的组成上也可以看到知识生成的影子。对一些重点知识名称，教师不应该把它只看作一个纯粹和孤立的名词，简单化地告知学生，而应该通过概念名称的逐步分解或课题组成的分步揭示，赋予名词中每个字词相对应的知识意义，让学生看到知识发展与变化的一个个“关节”，从而突出教学重点。

在数学“认识分数”教学中，教师在让学生分东西的时候，就预先在黑板上写“分”字，对应着当时学生的活动内容。之后，当学生产生认知冲突需要引进新的数时，教师顺手在板书的“分”字后面添上“数”字合成“分数”这个名字，虽然教师没有解释“分数”的字面意思，但学生从教师的动作中已经隐约地明白了“分数”是“分”出来的“数”。

这样的望文生“意”尽管不十分严密，但对学生形象化地明白分数的起因和理解分数的意义无疑会有很大的帮助。另外，教师让学生用手势表示分的结果，也是一种很好的做法，可以把学生用手势表示“一半”时产生困难的认知矛盾形象化地反映出来，从而让教师和同学看到自己思想深处的困惑。

① 原庆琴，吴业亮．古诗词的另一种解读——换字比较法［J］．现代语文（教学研究版），2008（04）：46. 有改动．

怎么办 13

教学如何突破难点？

教学难点的突破，需溯本求源，找准学生难在何处、出错之根源，从而明确学与教的着力点。教学难点的突破，需激趣究理，挖掘知识本质，建立学与教的联结点。教学难点的突破，还需教师不断反思、不断探索、不断创新，寻找最合适最有效的方法。那么，教学该如何突破难点呢？

这么办 1

举例子

在突破教学难点时，常用的做法是“举例子”，除了举知识本身的例子，还可以举知识在生活中的原型，帮助学生理解，例如教学“梯形的认识”，就用生活中的梯子举例。还有一种知识的原型是指与新知有相似之处的旧知，它是新知的最佳生长点，找准旧知的例子，可以帮助学生更好地感悟新知，促进新知的顺利建构。

在教学“三角形高的画法”时，根据以前的教学经验，这部分知识既是这节课的重点，又是这节课的难点，因为学生不知道这个新知的生长点是什么，也就是不知道它的原型是什么。教学时，利用课件演示去掉三角形另外两条边的图，学生发现原来是以前学过的“过直线外一点作这条直线的垂线”的旧知。通过举例子，学生就会觉得新知并不“新”，教学难点也就突破了。

“举例子”，还可以是打比方，用生活作例子进行解释，帮助学生领悟。例如教学“因数和倍数”时，针对学生习惯说“一个数是因数，一个数是倍数”

的错误表达，教师常常会采用“举例子”的策略来突破难点：一是举乘法算式或除法算式的例子训练正确表述，二是举生活中“谁是谁的朋友”的说法例子，让学生明白其理相同。

这么办2

搭梯子

在突破教学难点时，面对学生难以一时或难以全部弄懂的知识，教师可以“搭梯子”，将难点知识分解成几个学生较易理解的知识点，给学生提供循序渐进的台阶或支架，逐个击破，迎难而上，最终登上知识的顶峰。

在学习地理“大气在近地面的水平运动”时，学生需要同时分析三个力的作用才能掌握这个难点知识。对此，教师可以让学生先假设一个极端的情况，让学生只考虑气压梯度力的影响。在学生弄清气压梯度力后，再让学生去考虑气压梯度力和地转偏向力共同作用下影响的情况，到最后让学生加上摩擦力来综合分析大气在近地面的水平运动问题。

这样的目标分解法，让学生分梯次地理解知识，可以有效突破教学难点，提高学生学习效果。①

这么办3

给样子

在面对一组有结构的研究材料或阅读材料时，如果发现学生无从下手、不知所措，教师可以“给样子”，选择其中的一个研究材料或阅读材料作为样例，为学生提供可借鉴、可迁移、可生长的路径，从而突破教学的难点。

《灰雀》一文运用含而不露的手法描写人物的心理，教材设置了一道习题：“默读课文，想一想，列宁和小男孩在对话的时候，他们各自心里想的是什么？”这道练习题要求学生默读时揣摩对话双方的心理，需要联系上下文、对话者的语

---

① 周伟．高中自然地理教学难点分析与突破方法［J］．地理教育，2022（S1）：58－59.

气、用词及标点来综合研判列宁和小男孩说话的真正意图，这对三年级学生并不太容易。

文中列宁和小男孩共四次对话，教师以第一次对话为例，指导学生置换不同场景对比读、想象人物表情入味读、融入旁白揣摩心理入境读，在教师的引导下，学生关注到上文“他在周围的树林中找遍了，也没有找到”时列宁的焦急与担忧，关注到小男孩说话时“没……我没看见”中两个“没”字及省略号中所包含的紧张与慌乱。学生从中揣摩出读懂人物心理的密钥：联系上下文、留意特殊标点、品析关键词、读懂人物内心，由此顺利进入后三次对话的自主阅读中。①

这么办4

想点子

在突破教学难点时，教师要“想点子”，集思广益，广泛使用一切力量，可以借助现代化手段，变静为动，变繁为简，变远为近，从技术层面提供给学生一些得心应手的学习工具，使教学难点迎刃而解。

在“观察和解剖鲫鱼”生物课上，“鱼的吞水与吐水”这一实验，虽然用黑枸杞水可以非常明显地看到“水从鱼口进入、从鳃盖后缘出来”这一现象，但是，对于“鱼口和鳃盖交替张合”这一现象，却会因部分鲫鱼呼吸过快而观察不清。对此，一般的处理方法是教师提前录好视频，减速处理，课上播放。如此虽然可以看清实验效果，但是不能当堂反馈实验结果。

鉴于此，教师可以利用以下方法进行突破：首先使用智能手机或平板电脑采用“慢动作”拍摄学生当场实验视频，然后将视频上传至大屏幕。此外，教师还可以事先选择好具有调速播放功能的视频软件，这样，如果在“慢动作”拍摄速度还不够慢的情况下，可以再次调慢视频速度。如此一来，所有的学生都能非常清楚地观察到“鱼口和鳃盖交替张合”这一实验现象，并从中感受到科技的进步。②

① 汪明华．建构突破阅读教学重难点的支架系统［J］．教学与管理，2022（14）：44－46.
② 陈志华．基于重难点突破的课堂小实验的开发［J］．生物学教学，2022，47（05）：66－68.

随着时代的发展，可用于教学的现代化技术越来越多、越来越好，除了摄像硬件，还有一些比较好用的软件，例如几何画板，不仅可以用于突破教学难点，还可以增添知识的乐趣，提高学生的学习效率。（参看配套U盘视频：将函数与几何画板相结合，讲述自己的爱情故事①。）

这么办5

换路子

当所教知识非常抽象，用常规方法难以突破难点时，教师就应该思考是否可以“换路子”，尝试用非常规的方法攻坚克难。例如数形结合就是一种独特的方法，很多时候可以将复杂问题简单化、形象化。

乘法分配律一直以来被公认为是一个学习难点。与乘法交换律、结合律相比，乘法分配律的形式复杂、算理抽象、变式多样，由于学生没有生活经验基础及相关认识，他们没能真正理解其内涵，只是纯粹地模仿。课后，学生对这个知识点的遗忘速度非常快，且不会灵活运用。

我认为，学生没有很好地理解乘法分配律的意义的根本原因，是在理解意义时缺少一个载体，这让我想到“数形结合”的思想。数学家华罗庚先生曾说过：“数形结合百般好，隔离分家万事休。”如果教师在教学时能辅之以直观的图形模型来帮助理解，从模型的角度组织教学，效果会更好。

基于以上考虑，我在教学设计时，以“有一条边长相等的两个长方形面积之和”的素材为教学载体，让学生经历具体问题、类比推理、建立模型、解释模型的过程：由于两个长方形有一条边的长度是相等的，两个长方形能直接拼成一个大长方形，学生计算面积之和时，分开计算与合起来计算的思路很容易形成，在建立等式的同时将分与合的两种思路建立起了必然的联系。由此，乘法分配律有了直观的形象支撑，结构特征也就一目了然，理解和记忆也就轻松容易多了。

对大脑的科研成果表明，左、右脑具有不同的功能，左半脑功能偏重于抽象

① https：//m. weibo. cn/detail/4686341642651746. 一手 Video 的微博视频——梨视频 .

的逻辑思维，讲究规范严谨，如数的运算、代数式的运算、逻辑推理、归纳演绎等；右半脑功能则偏重于形象思维，讲究直觉想象，自由发散，如猜想、假设、创造等。左、右半脑的功能各有特征，如果互相补充就会使大脑功能更加健全和发达。数形结合就同时运用了左、右半脑的功能，在培养形象思维能力的同时，也促进了逻辑思维能力的发展。

怎么办 14

如何运用教学的比较策略？

有比较才有鉴别。比较是确定事物之间共同点与差异点的一种思维方法。在教学中，合理和充分运用比较的教学策略，可以丰富学生的认知背景，拓展学生认识、理解知识的广度和深度，从而更好地掌握知识。那么，教师该如何运用教学的比较策略呢？

这么办 1

运用比较，呼应教学内容

教学内容的有序展开推动了教学进程。从教学发展态势和学生认知状态上看，知识的呈现有着时间的先后、内容的新旧、层次的高低。教师不应该孤立地对待知识的发展结果，而应该在“瞻前”的同时经常“顾后”，指导学生时时“回首往事”，在先后、新旧、高低知识的比较中，明晰知识发展的“来龙”或“前因”，从而凸显现有知识存在的价值。

一位教师教学数学四年级“游戏规则的公平性”，主要环节为：（1）让学生在一只装有4个白球和2个黄球的口袋中任意摸球比赛（摸后放回），体会游戏规则的不公平性；（2）让学生运用在三年级已经学过的事件发生的等可能性知识修改游戏规则，使比赛变得公平。教师统计每小组摸球结果后，让学生观察统计表发表看法，学生的观察结果仍停留在“每组结果不一样”“它们有多有少”等，难以深察“统计结果趋近性”的事实本质。

“统计与可能性”知识比较抽象，对于小学生，在理解上有一定难度。我们可以运用比较策略，指导学生把第二次摸球比赛的统计结果与第一次进行比较，学生就有据可依、有感而发，很容易发现第二次游戏统计数据的接近趋势，并明白这一态势产生的原因在于游戏规则的公平性。接着，再指导学生对第二次摸球后每小组获得的多种数据进行内部比较，初步体会“必然性（输赢机会相等）中的偶然性（在实际游戏中还会有输赢）”这一思想。

这么办2

运用比较，概括教学内容

比较是科学研究的基本方法之一。在日常教学中，运用比较法可以帮助学生接受新概念或加强对概念的理解，最终分解复杂问题和抽象知识，即从个别现象中找到普遍规律。学生掌握比较法是入门学习的重要手段，可起到事半功倍的效果。从比较的形式来看，可分为横向比较和纵向比较。

在物理教学中，实验方法是有较大差异的，实验方法的比较更有利于拓宽学生的探究思路，帮助学生认识到实验方案设计的科学性和可行性。学生在不同实验中使用既相似又存在不同的实验方案进行实验，同样会引起注意，在对比中寻找理由，为今后能主动运用比较法学习奠定基础。

在本课教学过程中，“比较”是主旋律。先做烛蜡熔化实验，学生自然会和“水沸腾实验”进行比较，得出装置的相同与不同之处；后做冰融化实验，学生会下意识地将两种物质的特点进行比较。在整个实验过程中，学生会思考着实验装置的不同、实验方法的差异，进而通过比较主动建构知识。①

① 王雷．基于比较的实验教学改进策略［J］．中学物理，2021，39（18）：28－30.

这么办3

运用比较，调整教学内容

教学内容的编排有着一定的“规范”，但并不是不可变动的一种“规定”，相反，教材内容会因学生的学习实际和教师的教学艺术而充满着诸多变数。教学内容的构建具有一定的组织方式，不同的框架结构可能会产生不同的教学效果。此时，就需要教师能创造性地使用教材来优化教学。其中，运用比较的教学策略，来合理重组教材内容，有利于学生举一反三、触类旁通，在更大的知识目标中、在更广的知识领域内、在更高的知识层次上学得更强、更活、更好。

数学“运算律”教材的编排顺序是加法交换律与加法结合律组合、乘法交换律与乘法结合律组合开展教学，这种构建方式是围绕数学运算而展开的，它可能会造成学生局限于知识内部就事论事，缺乏向知识外部比较性拓展的动机。

一位教师另辟蹊径，围绕数学规律来调整和重组教材内容，为学生创造了“其他数学运算中是否也存在着相似的规律”的类比联想和探究空间，同时以相同现象为主线贯穿生活与数学、贯穿各种数学运算，给人以一气呵成的整体感受与“变与不变”的辩证思考，从而提升相关知识的教学价值。

这么办4

运用比较，整合教学内容

陶行知先生提出，要交给学生几把“钥匙”，让学生自己去开发宇宙之宝藏。教师要交给学生“比较”这把“钥匙”，使其能打开更多的教学内容，整合知识，找准主线，自主探究，厘清脉络。比较教学，可以让学生获得新的思维视角，提升能力，拓展学习。

教师组织学生对比阅读《陶罐和铁罐》和《鹿角和鹿腿》这两篇文章：《陶罐和铁罐》的作者运用“移情于物”的写作手法，将陶罐和铁罐融入生活，从生活中的矛盾冲突中体现两种人的性格，然后在历史长河的演变中充分暴露他们的优缺点，启示人们要用辩证的眼光看待生活中的人和事；《鹿角和鹿腿》的作者则直接描写一只鹿遇到狮子后奋力脱险的故事，提醒人们要认识到事物各有长处和短处，要正确认识美和实用在不同环境和条件下的价值。

两篇文章都以寓言的文体表达人们对生活的认知和感悟，学生把握文本的主线索，厘清文章的脉络，才能理解文章的寓意。①

比较阅读，已成为一种阅读方法。在阅读过程中将有关内容不断进行比较、对照和鉴别，这样既可以开阔眼界、活跃思想，使认识更加充分、深刻，又可以看到差别、把握特点、提高鉴赏力。（参看配套 U 盘视频：三步走，搞定古诗词比较阅读②。）

这么办 5

运用比较，引进教学内容

教学内容一般会根据课堂教学时间和学生接受能力进行分类，或采用分步式教学，或采用选择性教学。对于后者，教师在看待教学内容时，视野应开阔一些，不能只看到教材上呈现的知识，而应以点及面、由此及彼，联想到与之相关的教材上没有选取的而事实存在的“亲近”知识，并思考“如果引进，能否成为教学的‘活水’”。如果可行性论证通过，那教师就应打破教材束缚，积极尝试知识的组块教学，从而使教学内容更加饱满与厚实，使学生认识更加全面与深刻。

一位教师教学数学四年级“找规律”，是这样设计的：(1) 动态出示小兔与蘑菇、红花与黄花的排列情景，让学生感知“一一间隔排列”规律反映的外在形式和数学术语；(2) 以“□△□△□△□△□△□”为例，让学生探索并优选找规律的方法——由数数法到对应法；(3) 以“□△□△…△”“△□△□…□”“□△□△…□”“△□△□…△”等为例，让学生在不同类型的比较中洞察规律的前因后果，进而探究出找规律的方法和技巧；(4) 运用规律解决一些实际问题。

① 唐海燕．基于文本视角的比较阅读教学策略［J］．语文世界（小学生之窗），2022（06）：22－23.

② https：//www. ixigua. com/6972796342930571784？fromvsogou = 1&utm_ source = sogou_ duanshipin&utm_ medium = sogou_ referral&utm_ campaign = cooperation. 余老诗写作课的个人主页——西瓜视频 .

教材编排的教学内容只需让学生找出“两种物体一一间隔排列时，如果头尾的物体相同，那么排在两头的物体个数比另一种物体多1”的规律。上述案例中，教师花了较大篇幅增加了与上述规律相对应的“两种物体一一间隔排列时，如果头尾的物体不同，那么这两种物体的个数相等”的规律，使它们“结双成对”地进入学生的观察范围，同时成为学生的研究对象，有利于学生在比较性学习中全面认识事物的不同方面，加深对教材内容的理解。

怎么办 15

教学如何设计变式？

变式是指相对于某种范式（如基本知识、知识结构、典型问题、思维模式等）的变化形式，是不断变更问题的情境或改变思维的角度，在保持事物的本质不变的情况下，使事物的非本质属性不断迁移或使课堂的非专注状态不断转移的变化方式，以助力学生的知识学习。那么，教师该如何设计教学变式呢？

这么办 1

改变“样式”

教学中，当教师引入概念之后，学生未必能够精准理解该概念的本质，所以在概念变式时，教师应从概念外延的角度入手，贴近学生的最近发展区，搭建问题支架，帮助学生有条理地分析、辨别概念，走进概念的核心，精准把握概念的本质特征。

在教学数学“角的认识”一课中，当教师从生活情境中抽象出数学中的“角”的概念和标准图后，接下来就需要及时进行变式，帮助学生掌握角的本质特征。

一是变化角的位置。角的呈现不再总是开口向右、一条边为水平方向的样式，让学生在角的位置变式中明白“为什么这些还是角”。

二是变化角的边长。角的边可长可短，两条边也不总是一样长，可以一长一短，让学生在角的边长变式中明白“为什么这些还是角”。

三是变化角的开口。在把角的两条边拉长或缩短而没改变角的属性的操作后，改成把角的两边拉开或并拢的操作。改变角的开口大小，也就是角的大小在发生变化，但没有改变角的本质，让学生在角的大小变式中明白“为什么这些还是角”。

经过这三种多方面、全方位的变式，学生必然对角的概念理解深刻、对角的样式印象深刻。

这么办2

改变“形式”

对同一个事物或同一个知识，变化一下呈现的形式，有时候就能获得意想不到的效果。另外，呈现形式的变化方式不同，有时候也能获得不同的效果。这样的教学变式，不仅能够吸引学生的关注，而且能够提高教学的效果。

数学“认识厘米”一课，在练习中有这么一道题：（上面）红色线段比（下面）蓝色线段长几厘米？（见图1）

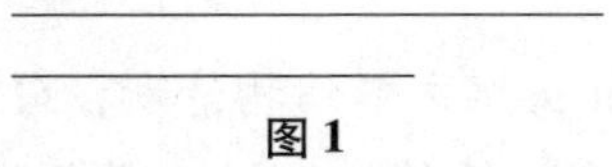

图1

如果要使这一练习更具趣味性和挑战性，我们可以改变呈现形式（见图2）：先让学生目测它们的长度是否相等，因为视觉效应，学生大多凭直觉得出第二条线段比较长，教师抛出标准答案：“其实它们一样长”，学生在将信将疑中纷纷要求用尺进行测量……

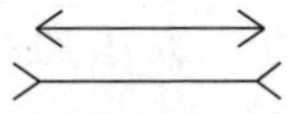

图2

学生观察图形长度时产生的错觉，与标准答案不符，激发了学生要求通过实际测量来解决“相信标准答案”还是“相信自己的眼睛”之间的矛盾，激发了学生一探究竟的学习动机。

同样，我们还可以利用视觉效应，进行这样的变式（见图3），仍然先让学生分别估测一竖一横（竖线与横线长度相等并且都是整厘米数）两条线段的长度大约是几厘米。

图3

多数学生会“看”出竖线比较长，因为相同长度的线段在视觉上会感觉竖线比横线长一些，然后让学生进行实际测量，他们同样会惊讶于“自己的眼睛也会欺骗自己”，从而多了一种新的认识和乐趣。然后，我们再出示教材上原来的题目，先让学生估测它们相差几厘米，然后让学生进行实际测量，以此考察自己的眼力。

这么办3

改变“方式”

任何问题的解决或任务的完成，都会有一套固定的方式，其优点是有助于减少设计成本，弊端是这样的“定式”用久了、用多了，就可能会造成学生思维固化和情感僵化，降低学习效果。对此，教师要善于改变传统程式，创新教学方式，设计别样的学习活动，激发学生的学习兴趣。

小学英语 Protect the Earth 虽然文本结构清晰，句子形式较一致，但是生词较多，导致学生有一定的“畏读”情绪。这时，教师可一改传统“你读我读大家读”的朗读程式，采用“纠错读”的方式：首先让学生集体朗读，教师纠错；其次，让学生小组朗读，全班纠错；再次，让每个学生朗读，小组纠错；最后，让小组代表朗读，集体纠错。

在这个过程中，学生的语音语调问题被“耳朵灵敏”的同学反复纠正。以小组竞争的形式让全体朗读更具动力，在小组代表朗读时，被推选的代表需要经得起考验，因为其他组学生在用“最挑剔的耳朵”帮助纠错。①

① 周翌晨．变式朗读：给小学英语课堂注入新鲜“活力”［J］．英语教师，2022，22（09）：89－91.

方式的改变，可能会带来良好的连锁反应，除了可能会丰富教学或训练的形式，也可能会提高教学或训练的功能，还可能会提高教学或训练的效果。这样的学习活动，有趣，有劲，有效。（参看配套U盘视频：俯卧撑的50个变式动作，让你更好地“玩”肌肉！①）

这么办4

改变“语式”

教师在课堂上变换不同的语言叙述方式将知识呈现，既有利于学生对知识深度的理解，又有利于学生对知识广度的延伸，还有助于培养学生的表达能力，培养学生思维的创造性和灵活性。

“20－6”这一道算式，可以有多种语式，教师可以问第一个学生：“被减数是20，减数是6，相差多少？”再问第二个学生：“20与6相差多少？”紧接着问第三个学生：“20比6多多少？”然后问第四个学生：“6比20少多少？”最后问第五个学生：“比20少6的数是多少？”通过5个不同的表达方式，让学生理解“20－6”算式的意义。

教师在用不同的语言模式描述相同知识概念的时候，有时候不同的语言模式还具有层次性，可以指向学生学习的高阶思维，加深学生对知识概念的理解。

在直角三角形的教学中，教材上的说法是“有一个角是直角的三角形叫作直角三角形”，为了丰富学生的认识，让学生听起来有不一样的感觉以及有不一样的思维，教师可以变换语言的叙述方式，先这样说：“有一个角是90度的三角形叫作直角三角形。”学生感觉表达的意思一样；接着，教师这样说：“有两个角的和等于90度的三角形叫作直角三角形。”学生感觉无法确定表达的意思是否一样，于是引发新一轮的探究与讨论。可以说，这样的“语法”，有助于引导学生思考直角三角形除直角外另外两个角的关系，加深了学生对直角三角形概念的理解，拓展了学生的思维空间。

---

① https：//www. ixigua. com/6632863910334562830？fromvsogou = 1&utm_ source = sogou_ duanshipin&utm_ medium = sogou_ referral&utm_ campaign = cooperation. 肌肉KAI的个人主页——西瓜视频 .

这么办5

改变“公式”

北宋诗人苏轼有一句诗“横看成岭侧成峰，远近高低各不同”。在生活中，有很多事情或事物，只要我们换一个角度观察和思考，就可能会想出不同的意思或看到不同的意境。教学中，有些知识也具有这样的活性，哪怕是人们已经习以为常的“公式”，也能变式出新的学问。

在三角形面积计算中，学生经常会忘记公式“$S=ah\div2$”中的“$\div2$”，由此成为教师教学的“痛点”。那么，如何解决这个教学难点，帮助学生牢记公式呢？有一种办法是通过变式，丰富学生的认识。

对三角形面积计算公式“$S=ah\div2$”，我们可以有三种不同角度的变式与解读：一是看成“$S=(a\times h)\div2$”，也就是教材编排的用两个完全一样的三角形拼成平行四边形来推导三角形面积计算公式的思路；二是看成“$S=a\times(h\div2)$”，这是用图4所示的方法推导三角形面积计算公式的思路；三是看成“$S=(a\div2)\times h$”，这是用图5所示的方法推导三角形面积计算公式的思路。

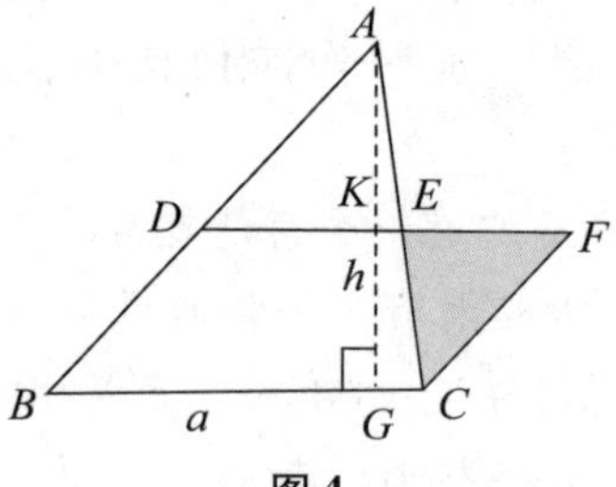

图4

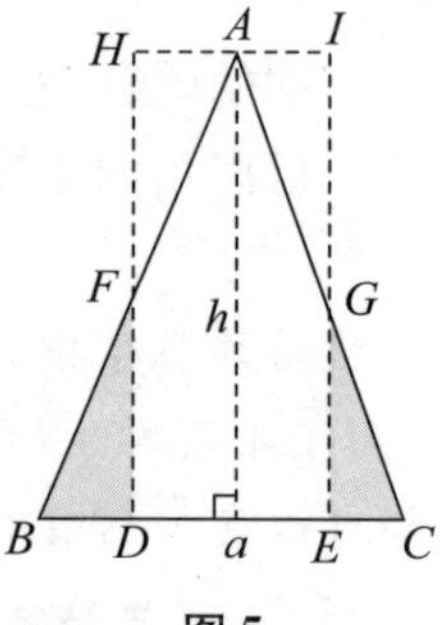

图5

后两种变式，不仅拓展了学生对“$\div2$”更多的理解，加深了学生对“$\div2$”更深的印象，还很好地解决了学生产生的学习困惑——“为什么不用一个三角形来推导面积计算公式？”

怎么办 16

如何设计板书？

板书是课堂教学的重要组成部分，是课堂知识的凝聚，其直观、概括、简约的特点，可以使教师高效地将知识传授给学生。优秀的板书既能活跃课堂氛围，激发学生学习兴趣；又能让学生积极参与到课堂中来，提高教学效率。那么，教师该如何设计板书呢？

这么办 1

结构化板书

好的板书是教师精心提炼的艺术品，它能帮助学生梳理思路、设立框架，有助于培养学生思维的连贯性和逻辑性。在起始阶段，板书可以帮助学生初步了解本课的主要内容；在分析阶段，板书成为师生交流的纽带；在总结阶段，板书可以帮助学生复习巩固，强化所学内容。

上课伊始，教师板书课题 Revision，让学生明确本节课是一节复习课。接着，教师以“change”为线索，串联起了人们在节日中的活动，基于板书将整节课的内容融会贯通于学生的思维之中。

整节课的板书可以通过横切和纵切板块，布局分明合理。纵切以“change”为主线，板书节日的具体变化；横切分为上、下两个板块，上面一部分是 Introduce Chinese culture to the world，即向世界介绍中国文化，下面一部分是 Try to know more about the world，即了解西方文化（见图 1）。[①]

① 卜涵．精备巧设，让板书之美浸润课堂［J］．小学教学研究，2022（05）：59－60.

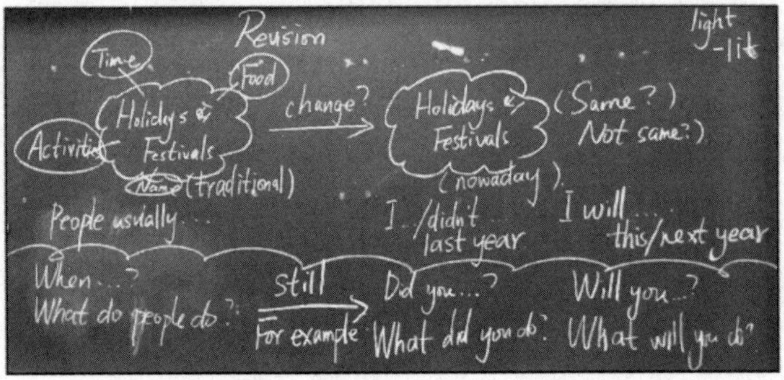

图1

通过板书，教师将教学的各个板块连接起来，使其形成一个内在联系的整体，不需要冗长的语言，板书中的几根线条、几个符号就把教学内容的层次结构和内在联系清晰地呈现出来。当然，板书中的线条和符号也可以等知识点全部揭示后再勾连和添加。

有人说：“板书是教师的微型教案。”一般来说，备课时教师是先有教学设计，再有板书设计。但是有一些课，教师也可以先有板书设计，再有教案设计，也就是先画好规划图再思考如何施工，这意味着教师需要具有整体结构性思维。

这么办2

形象化板书

好的板书，不仅要体现教学内容的重点和主旨，而且需要教师放飞想象的翅膀，尽显艺术性，呈现结构美。创意板书可以有船形、花形、伞形、鲤鱼形、阶梯形板书等。

一节“让家更美好”政治课，先点出“小型化”“丰富化”“多样化”“民主化”等现代家庭的特点，写在黑板底部。怎样创建和谐家庭呢？学生通过情境扮演，讨论得出需要家庭成员之间相互理解、信任、体谅和包容，有效交流和沟通，以良好的心态面对家庭生活中的问题。教师在黑板中间板书这些做法。

课堂总结提升环节，教师把现代家庭的特点圈起来作为船体，再把构建和谐家庭的做法圈起来作为船帆，然后把所有文字连接成一艘大船，并描述：我们了解现代家庭结构的特点是构建和谐家庭的基础，是家庭这艘大船能安全航行的前提。而家庭成员之间的理解、信任、体谅和包容、交流和沟通、良好心态就像船帆一样根据风向调整家庭这艘大船的航行方向，推动家庭大船稳步前行。最后，家庭成员共同努力，驾驶着“和谐”号大船驶向远方（见图2）。[①]

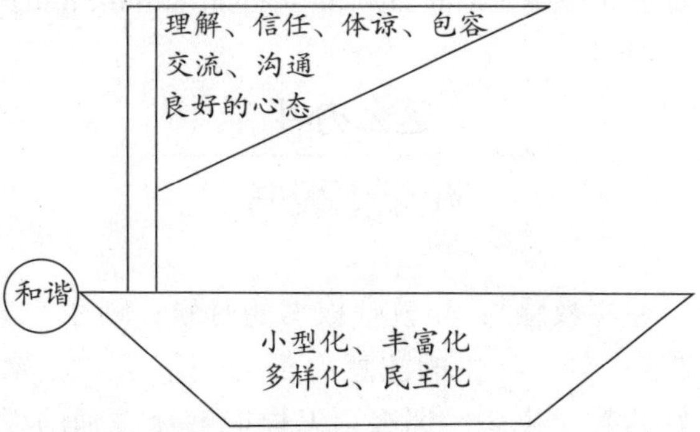

图2

在低年级教学中，经常会采用图画式板书，利用图画等方式将教学的内容呈现在黑板上，利用直观的图画来代替抽象的文字，可以很好地帮助学生理解和记忆知识。（参看配套U盘视频：济南女教师板书堪比印刷体走红，看看这些板书，你舍得擦吗?[②]）

这么办3

区域化板书

好的板书设计一般会有合理、巧妙地分区。通常情况下，按照功能的不同，黑板上的板书区域可分为核心建构区、知识储备区、评价反馈区、随机生发区等不同板块。虽然板书区域可以有多种划分方法，但并不是每堂课的板书都需要做到这样面面俱到，教师要根据每堂课的具体情况按需分配。

《新标准英语》“Our favorite festival is the Spring Festival”文本是关于四个中国传统节日的描述，教师将黑板正中部分设为“核心建构区”，左右两旁分别为“评价反馈区”和“随机生发区”。随着课堂教学的推进，教师与学生边学习边板书，

① 童敏．创意板书设计的问题及矫正策略［J］．中学政治教学参考，2022（14）：14－17.

② https：//www. ixigua. com/6769112908589695492？fromvsogou＝1&utm_ source＝sogou_ duanshipin&utm_ medium＝sogou_ referral&utm_ campaign＝cooperation. 海报财经的个人主页——西瓜视频．

最后在板书完成时，大家惊喜地发现，黑板中心的“核心建构区”形成了一个灯笼的形状，而分列左右的“评价区”和“生发区”正好形成了一副对联的形状，整个板书也正契合了课题“Our favorite festival is the Spring Festival”①。

这么办4

随想化板书

我们都有这样一种“教感”：当教师板书的时候，刚才教学中的热闹似乎会一下子“静止”，在这一刻，学生的注意力都会一下子“凝聚”在粉笔的滑动上。这是一种多么好的教学生态。那么，怎样能够让教师的板书“书写”学生的思维？也就是怎样让学生的思维随着板书的过程而起伏？

我在出示例题尤其是应用题的时候，常常课堂随机板书，但往往并不“一气呵成”，而是写了一两个条件就暂停，让学生说一说能想到什么，对一些想象域比较宽的题目就让学生猜想老师接下去会写什么，这样一是可以培养学生的联想能力，二是可以让猜中和想对的学生感受快乐，对一些想象域比较窄的题目就让学生自己编写下去。

例如我先板书“一个长方形，长与宽的比是3∶2”，接着就问学生由此可以想到什么，有的学生从份数的角度想，有的学生从分数的角度想，学生在思维的发散中展露了各自的理解程度，然后让学生猜测我下面会写什么，学生大多推断会写长或宽的长度，我顺势板书“如果这个长方形的长是45厘米”，要求学生即兴给应用题补充一个问题，学生纷纷提出“求宽”“求周长”“求面积”等问题，最后我选择其中一个问题作为例题教学，其余问题作为练习题。

教师如此“断断续续”地板书例题，却能有效地迫使学生的思维始终处于“连连续续”的理解状态，例题的完整“出台”让学生拥有一种自己积极参与和奉献的成就感，时刻“牵挂”着例题的发展过程与结果。也就是说，这样的板书“慢动作”会时时挂牵着学生的心。

① 张凤琴，杨爱军．小学英语课堂板书设计问题的解决对策［J］．山东教育，2021（40）：54－55.

这么办5

自主化板书

教学中，板书不能全部被课件代替，有的教师不管什么，都用课件去包办，把课件当作万能工具。教师应该根据情况，对课件适而用之，把课件看作板书的辅助工具。甚至，教师的板书不必排列有序、整齐划一，可以无处不写，把整理的任务交给学生，这样才是真正的知识整理。

A教师教学“圆的认识”时，把教学内容按照预设方案“按部就班”地悉数设计在课件中，在教师的频频点击下按照“既定方针”完成了教学任务。最后，黑板上一片空白，没有任何板书，因为这些都已经被安排在课件中“闪亮登场”了。

B教师教学“圆的认识”时，课件与板书双管齐下，“该出手时才出手”。最后，黑板上教师的板书一目了然，整齐、清楚、明白。

C教师教学“圆的认识”时，也把课件与板书“联动”，辅助教学。不同的是教师的板书乱七八糟，最后在学生“看着不舒服，要求整理”的“抗议”下，“麻烦”学生动一番脑筋，重新整理书写。

课件是现代课堂的必备要素，具有传统教学无法替代的功能。但如果过度依赖课件，板书的教育力量就会缺失。事实上，板书和课件各有优缺点（见下表），在使用时应实现优势互补。

项目	保留时间	动态演示	参考机会	特点	生成性	示范性
课件	较短	方便	比较少	丰富	弱	弱
板书	较长	很难	比较多	简约	强	强

怎么办 17

如何设计课堂总结？

在教师的教学设计中，在一节课甚至几节课的整个学习过程即将结束时，都设有“课堂总结”这一教学环节。这一教学环节的设置，旨在把整个学习过程中所教的知识进行整理与复习，沟通知识之间的联系，固化和强化学生对所学知识的整体印象，并拓展思维和应用。那么，教师该如何设计课堂总结呢？

这么办 1

说学后感

课堂总结一般是指在教学内容完成后，引导学生把所学知识系统化和结构化或进行情感升华的环节。课堂总结有归纳式、联系式、激励式、呼应式、延伸式、悬念式、练习式、自评式等多种形式。

“6的乘法口诀”一课，在未学前，已有近一半学生会背口诀了，所以到全课总结时，学生感觉已经没什么可说甚至有熟而生厌的感觉。对此，教师改变传统的“今天你有什么收获”等总结语，这样问道：“你喜欢哪一句口诀？为什么？”学生一下子有了兴趣，回答充满了童趣，有学生说：“我喜欢‘五六三十’。因为它有气质。”有学生说：“我喜欢‘一六得六’。因为简单。”有学生说：“我喜欢‘六六三十六’。因为有三个六，背起来顺口。”

课堂总结，除了“求同”，即让学生统一认识，更要“求异”，即让不同的学生有不同的收获和体会，因为每位学生的学习状态、理解方式以及学习关注点可能是不同的，允许有个性化的课堂总结。学后感，这个“感”除了对知识的感悟，还可以是对知识的感觉。

这么办2

答“O－R－I－D”

焦点讨论法是一种严谨的、结构化的提问方式，科学有序地设计了四个层面的问题：客观性层面（Objective）、反应性层面（Reflective）、诠释性层面（Interpretive）、决定性层面（Decisional），形成了“O－R－I－D”的提问模式，引导学生从客观事实出发，通过关注主体所接收到的直观信息，与主体内在的情感、反应、联想相互连接，产生反思，发现其中的意义，最后得出结论或做出决定。

用焦点讨论法复盘整堂课，从课堂的所见、所闻（O层面）出发，联系学生的所思、所感（R层面），总结本课所得（I层面），最后思考如何运用所学知识解决问题（D层面）。这种科学有序的课堂总结方式，不仅降低了问题的门槛，吸引更多学生加入，而且可以通过富有逻辑的问题设计聚焦话题，避免空洞、无目的的课堂总结。

语文《动物儿歌》的课堂总结可以这样设计：

O层面问题：在学习过程中，哪些字最吸引你的注意？

R层面问题：你还知道哪些和它们相似的字？

I层面问题：观察这些字，你有什么发现？你是用什么办法记住它们的？

D层面问题：下次再遇到类似的字，你会怎样来认识它们？课后可以去搜集更多这种类型的生字，然后和爸爸、妈妈、小伙伴们讲一讲。①

① 李瑞宇．利用焦点讨论法提高课堂总结的有效性［J］．教育实践与研究（A），2020（10）：21－24.

这么办3

画知识树

构建知识结构的过程中，不仅要问学生“今天学到了什么知识”，而且要把握知识的整体脉络，突出重点、难点、关键点等，提纲挈领地给学生呈现整个知识结构。常用的方式有：大括号式、关系图式、原理图式、知识树图式、综述式、列表比较式、歌诀记忆法、小组讨论法、习题练习法等。好的课堂总结，除了要厘清知识点，还要画好“知识树”。

历史课上，我在对“罗斯福新政与当代资本主义”内容进行课堂总结时，设计问题让学生思考：“在1929—1933年资本主义世界严重经济危机的沉重打击下，美国为什么能够避免走上法西斯专政的道路?”然后引导学生分析表格中的规律，形成一个独立的知识结构系统。

美国历史的特殊性	美国政治的稳定性	美国经济实力强
没有封建社会	《1787年宪法》确立	国家最富强、资源丰富、国内市场大
专制制度的影响小	三权分立有效地防止独裁	有能力对经济进行干预

然后，指导学生以此为例仿制两个关于德国和日本的表格，启发学生解决一个新问题：“德国、日本为什么走上法西斯专政道路?”这样，被启发的学生在解决问题时思维更富有规律性、目的性、自主性和创造性。①

课堂总结是对某一教学内容的总结，并不是指只能在一节课结束才能进行，也可以在课中重点内容讲解完，引导学生及时小结。其中，借助画思维导图，可以很好地在一节课中多次小结，每个环节的重要内容结束时，画一幅或添一笔思维导图，及时总结一下所学知识在知识体系中的位置，这样可以培养学生养成及时总结反思的良好学习习惯。(参看配套U盘视频：2020江苏小学数学优秀课程评比——三个课堂总结部分②。)

① 梁厚军．历史课课堂总结的设计与实践［J］．广东教育（综合版），2016（11）：47－48.

② https：//www. bilibili. com/video/av755899316？fromvsogou = 1&bsource = sogou&fr = seo. bilibili. com. 那你吃不吃的个人空间——哔哩哔哩视频，有剪辑．

这么办4

写说明书

课堂中用2～3分钟进行课堂总结，往往时间不够，对此，教师可以让学生在课后开展“帮老师整理或设计板书”的总结活动，然后把作品交给教师批阅或张贴在教室的墙上供同学交流评价。另外，课堂总结的功能并非只有在课中专门设置“全课总结”教学环节才能实现，高明的教师会减少这种容易让学生厌倦的环节，而设计一些学生感兴趣的其他学习方式和学习活动来达到同样的目的。

一位教师教学“圆的认识”课后，布置这样一个学习任务——“请你设计一份圆规使用说明书”。学生在完成这一作业时，除了首先会去寻找一些诸如家用电器的说明书以了解写作格式之外，还必须对“圆规的构造”“圆规的功能”“圆规的用法”等内容进行分析与说明，这就促使学生对课中的教学内容进行复习和整理，也就达到了“全课总结”环节所设定的教学目标。

这样的课堂总结给了学生足够的时间，可以延续到课外甚至校外，有效地缓解课堂上短时间内完成总结的紧张与匆忙；这样的课堂总结还给了学生充分的自由，让学生可以投身自己喜欢的活动，然后选择自己喜欢的方式进行总结。

这么办5

编手抄报

手抄报是一种内涵丰富、形式多样的教学手段，涵盖书写、绘画、编辑、排版等多项内容，能够充分发挥学生的创造个性，提升学生的学习兴趣和文化修养。如果通过知识单元来确定手抄报主题，那么这样的知识总结就不再局限于一课一得，而能扩大到一个知识单元或学习单元，这有助于教师开展单元主题教学。单元主题教学与手抄报的结合，可以互为支持、互为补充，学习一开始就目标清晰、任务明确，可以有效避免学习的被动与茫然。

我在带领学生学习统编语文六年级下册第六单元“古诗词诵读”时，给学生布置了手抄报作业。

手抄报主题：古诗里的风景

选材范围：《采薇》（节选）《送元二使安西》《春夜喜雨》《早春呈水部张十八员外》《江上渔者》《泊船瓜洲》《游园不值》《卜算子·送鲍浩然之浙东》《浣溪沙》《清平乐》10 首古诗。

编写要求：根据选材范围，将任意一首古诗原文改写成白话文，并加上自己的感悟，选入自己的手抄报。手抄报要配上合适的插图，布局合理，美观大方。

这次“古诗里的风景”手抄报是紧贴课文内容而设置的，学生在创作手抄报的过程中，需要对每节课内容进行总结，有针对性地搜集材料，既巩固了课堂上的知识，又实现了知识的整合，还锻炼了写作能力。①

① 农国祥．运用手抄报提升小学语文教学效率的途径［J］．广西教育，2021（41）：110－111.

专题三　教学方式

方式，意为言行所采用的方法和形式。教学方式包括教师教的方法和学生学的方法，是教师引导学生掌握知识技能、获得身心发展而进行共同活动的方法。教学方式各种各样，但都应以学为中心开展教学活动。

怎么办 18

教师如何“少讲”甚至“不讲”？

在新课程教学中，我们提倡教师“少讲”甚至“不讲”，这样才能保证学生有足够的独立思考时间和充分的自主探究空间，培养学生的自学和自理能力，也可以有效避免传统的听讲式教学甚至灌输式教学。那么，教师该如何少讲甚至不讲呢？

这么办1

只管“一半”

有人做了这样的心理实验：一笔画个圆圈，在交接处有意留出一小段空白。回头再瞧一下这个圆，此刻你的脑子里一定会闪现出要填补这段空白弧形的意念。

在对学生进行技能指导时，教师可以只管“一半”，留下一半让学生自己做，既是对动手能力的锻炼，也是对思想品格的锻炼，培养学生“自己的事情自己做”意识，同时还是一种智力的开发，因为“手巧”才能“心灵”。

担任小班的老师后，有一个现象引起了我的注意，即孩子们年龄小，连基本的日常生活如吃饭、穿衣都不能自理。一味地帮他们做，势必助长他们的依赖心理，不能锻炼孩子的自理能力；而一下子让他们什么事都做，孩子们又接受不了。经过反复思考，我想出一个主意：先做一半，留下一半给孩子。

午休起床后，强强怎么也系不好鞋带，我便走过去，帮他系上一只鞋的鞋带，让他仔细看，留下另一只让他学着自己系。强强很聪明，几下便学会了，我立即表扬了他，并让他去给其他不会系鞋带的小朋友示范，也是只系一只鞋带。

这样，通过几次“经验推广”，全班小朋友都学会了系鞋带。其他如穿衣服、系扣子等，我都采用了这种方法，效果挺不错。①

这么办2

只用“一半”

一位企业家做报告时，在黑板上画了一个留有缺口的圈：“你们问我为什么会取得辉煌的业绩，道理很简单：我不会把事情做得很圆满，就像画个句号，一定要留个缺口，让我的下属去填满它。”

教学中，教师不妨多给学生留一些有“缺口”的知识，给学生一个自己去寻求知识和探索知识的空间。

对于“平行四边形的面积计算”一课，教材提供的探究材料是一个已经画好高的平行四边形，让学生通过“剪、移、拼”的操作推导出平行四边形的面积计算公式。这样学生容易摸准操作的入口，节省教学时间，但是容易降低学生思考与探索的力度。

我在教学这一内容时，对教材规定的材料只用“一半”，也就是提供给学生不画高的平行四边形，故意留下这一“缺口”，让学生自己在实验中寻找出路。这种有“缺口”的知识，一是可以吸引学生自己去想办法，二是可以增长学生的见识，让学生明白“为什么要沿着高剪”的道理。虽然学生的思路会卡在这里，但正是这种“不连贯”磨砺着学生的思维。

这么办3

只教“一半”

“知道定律”告诉我们：“如果想一下子全知道，那就意味着什么也不知道。”教学中，要让学生“知道”，就不能让学生“一下子全知道”，这样才可能促发学生自己“想知道”，并促使学生自己“去知道”。

① 赵胜英．留下一半给孩子［J］．幼儿教育，1998（04）：12 – 13.

一位高中数学教师在教学“差角余弦公式”时，把中间的证明步骤给忘掉了，只好抱歉地请同学们自己看。之后在另一个班上课时，他吸取教训，把课讲得很细。课后，他向教导主任汇报了两节课的情况，并认为自己的第二节课上得好。然而，富有经验的教导主任却说不一定，他请别的老师命题，对这两个班级就这节课内容的学习效果进行了考查。结果，第一个班的情况居然好很多。

在前一个班教师无心之失没讲证明，教学结构的突然改变，打破了学生的学习习惯，却恰好引起了学生的警觉与好奇，自觉追究教师“为什么不讲证明”和主动探究教材“到底应该怎样进行证明”。学生用心投入，学习效果自然更好。

这么办4

只说“一半”

有一种学习的方法叫“猜学”。猜想接着会学什么、知识会怎样发展、老师会怎样教……教学中，教师可以只说“一半”，引导学生去猜测和揣摩接下去教师会说什么、作者会写什么、教材会编什么、别人会议什么、同学会想什么……

请看学习《过故人庄》的过程：

（一）《过故人庄》	（二）《过故人庄》
孟浩然	孟浩然
故人具□□，邀我至□□。	□□具□□，邀□□□□□。
□□村边□，青山□□斜。	□□□□合，□□□□斜。
开轩面□□，□□话桑麻。	□□面□□，□□话□□。
待到□□日，□□就菊花。	□到□□□，□来□□□。

以上（一）（二）的内容，分写在两张幻灯片上。

第一步：首先出示（一），这时教师提出要求：不用翻书，就近讨论，开动脑筋来猜填，做好笔记。如果有同学已经背会或者很熟悉，请他克制兴奋，先只在小范围内讨论。

第二步：待多数同学完成后，一句句听学生发言，并写在黑板上，教师再点出答案。

第一步中，有印象的同学激动地去做其他学生的老师。不熟悉的学生能在争论中获得粗略印象，哪怕猜的答案相差很远，但实际上也是作了一首新诗。第二步中，教师应注意让持正确答案的学生与持其他答案的学生展开论辩，在学生的发言中获得知识，加深印象。

第三步：出示幻灯片（二），围绕提示让学生熟记内容。

第四步：赏析。(略)①

进而，学生可以在“猜学”中依据知识的生长不断“创造”出后续知识。罗振宇在《知识就是力量》里说：“这个世界所有真正懂得财富密码的人，都是找未来要价值的。”找未来要价值，也就是学会创造，这也就是哲学家怀特海所说的：“只有当人类‘发明了发明的方法’之后，人类社会才能快速地发展。”学生要能够真正懂得知识密码，也必须找未来要价值，“发明了发明的方法”也就是学会了学习的方法之后，就能不断地“创造”出新的知识。（参看配套U盘视频：巧借插图　想象猜读②。）

这么办5

只读“一半”

美国心理学家兹格尼克做过一个实验：他给138个孩子布置了一系列作业，让他们完成其中的一部分，另一部分则令其中途停顿。1小时后，他对这些孩子进行测试，结果发现多数孩子对中途停顿的作业记忆犹新。

我提倡学生读书不必一下子读完，可以每天读一点，边读边猜，养成猜读的习惯，边读边悟，每天与老师和同学说说读后感。我还自己进行创作，编的故事永远没有结尾，然后在每节语文课结束时留出5分钟，讲给学生听，讲到精彩的地方就戛然而止，要想再听，就得先学好课本上的知识。每每看到孩子们极其专注，不住地问“后来呢，后来呢”，或是高兴地欢呼“我们今天表现好，可以听故事啦”，我心里总是很得意。

① 赖天文．在语文教学中引入“猜学”的尝试［J］．语文教学通讯，2005（14）：44－45.

② https：//haokan. baidu. com/v？pd = wisenatural&vid = 11474862393918482616. 泰辅导——好看视频．

我还提倡学生不用一下子做完一种作业，可以先做做数学，再做做语文，甚至穿插读读书、聊聊天、唱唱歌、下下棋、动动身、伸伸腰、打打盹儿、发发呆，再继续做作业，也就是文理结合、动静结合、张弛结合。

兹格尼克得出一个耐人寻味的结论：人们对已完成的工作较易健忘，因为“完成欲”已经得到满足，而未完成的工作则在脑海里萦绕不去。于是，心理学家将人倾向于把一件事情做完的心理称为“兹格尼克效应”，也称为“自圆心理”。

教学中，一节课结束之际，教师不妨布置一道难题，甚至布置一道需要下节课知识才能解答的题目，让学生痴痴地想、痴痴地等，一直思考着、牵挂着，从而产生学习的不竭动力。

怎么办 19

如何运用“无声”教学艺术？

“教师不说话而能教好书”，在许多教师的观念中，这是一件不太可能的事情。其实，教师的教学语言除了口头语言，还有书面语言和体态语言。有时候，“无声”教学效果比“有声”甚至“大声”更能让学生感到“动听”。那么，教师该如何运用“无声”教学艺术呢？

这么办 1

“无声”之关注

我们都知道，在教学中，知识的重点需要多次强调，知识的难点需要多次引导，知识的关键也需要多次提醒，这样学生才会注意。但学生又不喜欢教师反复说，特别是重复说同样的话。此时，教师不妨换一种表达的方式，如用动作来代替想说的话。这里的无声动作反而会引发学生的注意。

教学“轴对称图形”时，教师通过对折的蝴蝶纸片揭示轴对称图形概念后，特意把它贴在黑板的一角，而且只贴住对折的一半。在讲课过程中，在需要强调轴对称特性的时候，在需要学生表述轴对称概念的时候，在指导学生辨析轴对称实例的时候，在帮助学生回忆轴对称意义的时候，教师总是有意无意地用手对折那只挂在黑板一角的蝴蝶纸片，以此让学生时时关注，提醒或提示学生注意“什么是轴对称图形”以及“如何判断轴对称图形”。一节课结束，学生对这只“蝴蝶”和教师的动作留下了深刻的印象。

人体语言学家艾伯特·梅瑞宾教授研究发现，在一条信息传递过程中，只有38%是有声的，7%是语言，而55%是无声的。研究还表明，无声信号传递出的交际效果是有声信息的5倍。

这么办2

“无声”之讲解

在传统观念中，教师讲课，不“讲”无以成“课”，知识讲解，不“讲”无以能“解”。其实，我们也可以反过来，让学生更多地“讲课”，教师更多地“听课”，这样就可以做到教师少说话甚至不说话，因为学生普遍不讨厌自己说话；相反，他们对自己的能说会道沾沾自喜，对同学的能说会道心生羡慕。

除此，还有一种“无声教学”是教师故意不说话，故弄玄虚，以此达到此时无声胜有声的教学效果。

上课时，教师宣布规则：“不许说话。不但你们不说话，我也不说话。”教师的反常，引起了学生的兴趣。

教师在黑板上书写“做哑（　　）”，示意学生上来填空。这是给同学们的第一个答案——今天要干什么？“做哑剧”的主题出现之后，教师伸出两个指头，示意请两位同学上讲台。学生猜想着老师“葫芦里卖什么药”，两个学生上台后，教师请他们左边站一个、右边站一个，再走到教室角落，一圈一圈地不知道用手臂在绕着什么东西。问题又出来了：老师要干什么呢？看不懂！然后教师“拿”着一圈绳子，一个头交给左边的同学，另一头交给右边的同学，并且握住其中一个同学的手臂，一圈一圈地“甩绳子”，大家才猜出来，原来是要“甩长绳”！

谜底揭开，一阵兴奋。游戏到此尚未结束，教师竟然一口气示意十几个学生上台来“跳长绳”——作文课成了体育课，能不高兴吗？写作前的材料准备和心理铺垫已完成，而文章的完成，只在情理之中了。①

学生在平常教学中听惯了教师的声嘶力竭，突然有一天，课变成了“哑巴课”，教师只做动作、只写字、不说话，这种出其不意的教法会让学生感到十分惊奇。另外，教师要让学生不成为学习的“哑巴”，就必须让学生多说。（参看配套U盘视频：一老师“哑巴英语”，随机电话成学生作业②。）

这么办3

“无声”之演示

教师普遍注重导入环节的设计，一是可以及时把学生的无意注意转为有意注意，二是可以尽早激发学生学习的兴趣，为新知学习做好铺垫。许多课堂的导入，不管是把学生的注意从教室外部“导入”教室内部，还是学生的注意从知识外部“导入”知识内部，都离不开教师的话语渲染。不过，我们还应该知道，有一种渲染叫教师故意不说话。

一位教师教学“面积和面积单位”时，一声不吭地走进教室，高举右手，手掌面向学生，然后拉住一名学生的手掌比大小，依然一言不发。学生疑惑：“今天老师怎么了？嗓子哑了？他想做什么？”好奇心促使学生目不转睛地注视着他。稍停，只见他用手掌面去摸黑板面、讲桌面和课本面，至此才开口说了第一句话：“同学们，你们知道老师刚才的这些动作表达的是什么意思吗？”学生

---

① 丁扣琴．提高学生写作能力的策略［J］．七彩语文（教师论坛），2016（03）：71.

② https：//haokan. baidu. com/v？ pd = wisenatural&vid = 7298666332967690452．江夏区广播电视台“百姓视点”节目．

纷纷摇头，也终于松了一口气："原来老师不是'哑巴'。"这些神秘的肢体动作促使学生进入下面的学习，以一探究竟。教师这样默默无语地导入新知，既设疑又激趣，比用语言直接讲解的表达效果更好些。

手势语具有指示、象形、象征、情意等多种类型，它和其他非言语行为一样，不仅可以补充和强化语言信息，还可以替代语言信息，甚至起到语言信息所无法实现的作用。

这么办4

"无声"之评价

当学生说得磕磕绊绊、支支吾吾、断断续续的时候，当学生说不对、说不全、说不好的时候，教师常常会迫不及待地自己说。其实，教师除了多听，还要学会多等。另外，如果对学生的表现不满意，教师也可以采用"无声"评价，在等待中使之自觉改正。

在作文指导课上，我正在讲学生细节描写不具体的现象，发现小明在津津有味地偷看课外书。对此，我没有发声，而在黑板上写道："小明在认真看书！"同学们一看，马上鸦雀无声，所有眼睛都转向小明。

小明面红耳赤，放下书，不知所措。我指着黑板上的这句话问道："这个句子很通顺，但是不具体，没有把他看书时的动作、神态描摹出来。该怎么写呢？"我接着说，"老师正在上作文指导课，当她说要把人物的动作和神态写具体时，只见小明小心翼翼地从课桌里抽出'语文课本'，用手轻轻地将封面的褶皱抚平，然后用眼睛瞟了一下正在黑板上奋笔疾书的老师，再用手臂捅了捅同桌，指了指'语文课本'，同桌对他会心一笑。小明于是驰骋在'语文王国'里。"我的话音刚落，其他同学鼓起掌来。

小明忙不迭地将课外书塞进课桌，我装作没看见，走到他面前拍拍他的肩膀，说道："小明，谢谢你给老师提供这么好的写作素材，让老师的课堂变精彩了！"他的脸更红了。

我趁机对大家说："今天老师以小明看书为例子，辅导了同学们怎么进行描写训练，请大家认真借鉴，开始接下来的实战演练吧！"同学们马上投入了写作。

后来收上来的作文，质量非常不错。特别是小明的习作，将我当时的表现写得惟妙惟肖。此后的课堂上，他都很投入。①

这么办5

“无声”之管理

“无声”教学有助于实现学生的自主学习，“无声”管理有助于实现学生学习的自主管理，教师变“哑巴”了，学生只能多看、多读、多做、多想、多说，还要多帮，做小老师讲给同学听，这样的课堂或许就会发生“静悄悄的改变”。

这两天，我彻底处于“失声”状态。微笑成了我跟人打招呼的招牌，比画成了我与学生交流的基本方式，助教（两个学生）成了班级的代理老师……

神奇的事情发生了，学生似乎一夜之间长大了。走进教室，当有人要开始讲话时，我轻轻指指喉咙，学生迅速安静下来。对待学习任务，在黑板上写清要求和步骤，学生也能认真对照完成。

我开始尝试用角色转换的方法来改变课堂的教学方式，请学生当老师，以任务方式推进，搜集微课解决难点，用评价单衡量学习效果。②

---

① 杨宁华. 教师的“装傻”艺术［J］. 湖南教育（A版），2020（08）：50－51.

② 梁聋聋.“哑巴老师”的教学经［J］. 小学语文教学，2020（27）：64. 有改动.

怎么办 20

如何出示和揭示知识?

新课改实施以来，大力提倡学生学习主体性的发挥，要求学生参与到学习活动中，能够主动地建构知识，形成自主学习思维，锻炼学习能力。所以，教学中，教师不能“心太急”，直接揭示知识，而应该让学生自己去获取。那么，教师该如何出示和揭示知识呢?

这么办 1

“捂”住知识

西双版纳野象谷的工作人员经常在河边投放大象喜欢吃的食盐。然而，他们从不露天投放，而是将食盐埋进土里。为什么要这样?就是想让大象觉得这是它们靠自己的智慧找到的。同理，要培养学生的探究能力，有一种做法是把知识“掩埋起来”，让探究更具有挑战性。

“捂”的意思是严密地遮盖住或封闭起来。把知识“掩埋起来”也就是把知识紧紧“捂”住，不轻易让学生得到。教学中，教师应该相信学生的能力，不把知识直白地教给学生，而把知识“掩埋”在纷繁的生活中、隐蔽的背景中、杂乱的条件中……引导学生自己去寻找，对自己找到的知识，学生更有感觉，也更有感情。

教学“圆锥的体积计算”时，一般教师就是直接为学生提供等底等高的圆锥和圆柱，然后让学生进行实验探究，发现它们之间的关系。但是，其中的问题是：学生没想过为什么用等底等高的圆锥和圆柱来做实验的。

所以，正确的探究应该是：教师提供等底等高、等底不等高、等高不等底、不等底不等高各种情形的圆锥和圆柱让学生探究，如此“杂乱”，探究才有挑战性。

这么办2

“焐”熟知识

果农将肥料埋在离果树两米处。果农这么说：“如果把肥料直接堆放到果树的根部，它的根系就用不着向远处深处伸展吸收养分了，久而久之，根系会逐渐枯萎，直至死亡。这样留有一定的距离，反而给了树根追求的目标和动力。”

“焐”的意思是用热的东西接触凉的东西，使它变暖。把知识“留出距离”也就是把知识慢慢“焐”熟，不急于让学生求成。教学中，教师可以拉长知识，让学生在不断进步中取到更多的经验，也可以拓宽知识，让学生在不断伸展中找到更广的联系，还可以拔高知识，让学生在不断攀登中收获更大的果实。

初中数学教学中一些重点知识需要实实在在地沉淀于学生头脑中，否则容易淡忘，难以成为今后学习的“基地”。对这样的重点知识，一开始学习就需要通过增设教学环节，拉长认知过程，在慢节奏中将其做实。

例如，直线是几何学中的原始概念，可谓几何教学的“第一粒纽扣”，看似简单，但学生常常认知模糊、理解不到位。对此，我拉长环节、拓宽知识：

环节1：说印象——突出直线性、两端延伸的外形；

环节2：找实例——从生活中寻找实例，与现实生活对接，具象化直线；

环节3：画图形——“一点画，两点画”，感知直线的存在性；

环节4：谈感悟——立足“画”找感觉，赋予直线生命的灵性；

环节5：想应用——栽树、钉木条等，体会、感知“两点确定一条直线”；

环节6：学表示——两种方法，立足现实应用，用两点表示法自然生成两个大写字母；

环节7：化意境——用陈子昂的“前不见古人，后不见来者，念天地之悠悠，独怆然而涕下”，以时间的无始无终刻画直线，让直线这一图形充满诗情画意。

通过增设这些教学环节，从意象、物象、形象、抽象全方位地刻画直线概念，让这个原始概念在学生的头脑中扎下根来。①

① 邢成云．拉长认知过程，慢中求实［J］．课程教材教学研究（中教研究），2019（Z4）：39．有改动．

这么办 3

“悟”透知识

杜威说：“教学绝不仅仅是简单地告诉，而应该是一种过程的经历，一种体验，一种感悟。”“悟”的意思是理解、明白、觉醒。教学中，学生只有“悟”透知识，领悟其中的思想观点、思想方法、思想启示和思想本质，才能避免死记硬背，减轻记忆负担。“悟”透了知识，便明白其中原由，便能举一反三、融会贯通，甚至在看其他材料的时候，也能“觉醒”出其中的知识。

概念是物理学科的基石。教师应促进学生透彻理解概念，为规律、实验的学习、物理问题的解决奠定基础。

以质点教学为例，普遍的教学设计是通过列举实例提出将研究对象（物体）简化成“点”的必要性，得出质点的概念，然后列举大量能简化成“点”和不能简化成“点”的实例，归纳出能否简化成“质点”的条件。这样的教学过程有三个方面没有讲解透彻：第一，质点与数学上的“点”是否一样，有何不同；第二所列举的实例为何有的可以忽略大小和形状将其简化成为“质点”，有的不可以，没有讲清楚，只是通过例子达到定性的感受，而没有定量的体验，印象不深刻，理解不透彻；第三，简化为质点的物体，为何不能忽略其质量没有讲清楚，导致“质点”概念的提出比较突兀，与没有大小形状和质量的几何点之间的区别难以理清。①

这么办 4

“晤”谈知识

“晤”的意思是遇，见面。在具有挑战性的教学中，学生的探究活动大体会经历一个“捂—焐—悟—晤”的较长时间的过程：从开始的“捂盖子”所引发的悬念，到经过探究孵化知识的一番“焐”，到最终恍然大悟的感觉，最后到能把所悟到的东西表达出来。要检测学生是否“悟”透知识，有一种做法就是让

① 刘鹤．概念教学应讲透知识悟透方法［J］．湖南中学物理，2019，34（06）：47－48.

学生“晤”谈知识，把自己的想法、做法甚至学法说出来。

《鸟的天堂》一课结束时，为了检查和深化学生对课文的理解，我引导学生思考这样一个问题：“‘鸟的天堂’不仅是课文的题目，而且在文章中多次出现，这里面有没有什么特殊含义？”

一石激起千层浪，有学生说：“课文中的‘鸟的天堂’都带有引号，为什么最后一个没有带？”“课文中的开头作者说鸟的天堂中没有鸟，而最后又说鸟的天堂确实是鸟的天堂，是否矛盾？”……

对话不仅引发了学生的深度思考，而且引发了学生的积极质疑，开阔了学生思维，课后又开始了新一轮探究活动。

很多时候，因课堂时间有限，教师也可以课后组织学生开展探究活动，可以是课堂知识的延伸，也可以是课外知识的补充，可以在学校探究，也可以在家里探究。可建议学生拍摄小视频记录探究过程。（参看配套U盘视频：水往高处流？奇妙的虹吸现象①。）

这么办5

“误”会知识

要促使学生快速“悟”透知识，或要检测学生是否“悟”透知识，还有一种做法是让学生在“错误”中学会知识。“错误”是一种不可多得的教学资源，可能会更有助于学生对原计划做出改进，激活和区分有关的先验知识，并通过整合获得新知。如果“错误”是课堂中学生生成的，那么教师要充分利用，借机开展探究活动。教师也可以故意制造“错误”，引出需要学生探究的话题，纠正学生错误认识，或深化学生已有认识。

在教学“判断正反比例”时，学生遇到一题：“长方体的侧面积一定，它的底面周长和高成什么比例？”许多学生认为不成比例，因为三者之间似乎并无多大的联系。

① https：//www. bilibili. com/video/BV1uA4y1d7wF/. 碎雨侠的个人空间——哔哩哔哩视频 .

我觉得学生之所以得出错误结论，关键是空间想象力还不够丰富。于是，我借机组织学生探究：拿出一张长方形纸，先围成一个长方体，再请学生指出这个长方体的侧面积、底面周长和高。

学生在下面小声议论："这三者之间应该有联系……""展开来看一看，对，行了。"一位"快嘴"的学生边说边举手，四周的学生一下子热闹了起来。经过动手折，反复比画，大家得到了较为一致的结论：展开后，长方体的侧面积就是这个长方形的面积，底面周长就是长方形的长，而高就是长方形的宽。这三者是有关系的，底面周长和高成反比例关系。

这里，教师直接指出错误当然可行，但学生机械地接受，印象不深，将它开发成一个新的探究活动，教给学生解决问题的方法，才是上策。①

怎么办21

如何组织预学活动？

传统预习提纲，很多时候表现为接二连三的回答问题，做多了，做久了，学生会感到枯燥乏味和厌倦。而任务型预学作业，往往是一种表现性活动，迎合了学生好表现的心理；同时，任务型预学作业因综合性而常常具有挑战性，迎合了学生好胜的心理。因此用任务型预学作业替代传统预习提纲，能够让学生产生"欲学"的更强动力。那么，教师该如何组织预学活动呢？

① 班素英．在错误中学习 在错误中创造［J］．学周刊，2012（06）：73．有改动．

这么办1

用“尝试性任务”驱动

对于数学教材中涉及计算的教学内容，学生常常缺乏学习的热情，到练习阶段更是感觉一直在“重复劳动”。而传统的预习常采用让学生“看题（例题）答题（问题）”的单一形式，过细的问答使预学缺乏挑战性，让学生提不起劲也使不上劲，由此，教师可以变“看题”的预习提纲为“做题”的预学作业，在后设的“固学”环节中选择一道与例题同质异形的计算题（往往是教材中的巩固习题）前置设计成尝试性任务让学生解答（见图1）。

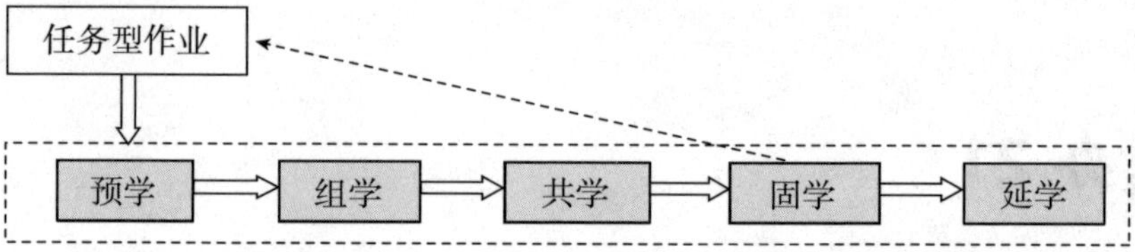

图1

学生如果不会解答，就会主动去预学例题的算法与算理；如果会解答，也会主动去预学例题以检查自己是否解答正确。课上，教师就可以组织预学的展示活动，让做对的学生进行汇报，或者让做错的学生提出困难，做对的学生做“小老师”进行讲解，教师只需在问题的关口处或知识的关键处进行点拨引导或整理总结。

预学教材时，我让学生养成这样的习惯——有困难可以寻求外援，按照优先等级依次是：首先可以向教师申请预习提纲，根据提示自学教材。在此，与传统做法不同的是，对学生的“预学”，我首先强调“独学”，鼓励学生自学，在有困难时再借助预习提纲帮助自学。因为学生需要，所以此时预习提纲就成了雪中送炭，受到学生欢迎；如果学生的自学还是有困难，那么除了借助“物（预习提纲）”，还可以借助“人”的力量，可以向所在小组同学讨教，进入“组学”环节；如果学生还是有困难，就可以进入全体学生甚至教师参与的“共学”环节。

这么办2

用“可操作性任务”驱动

与“写作业”相比，学生更喜欢“做”作业，这也是传统预习提纲难以被学生喜欢的一个原因。教师可以把一些可动手操作，特别是能制造作品（产品）的作业设计成“做”的任务，不管学生会不会做，只要想做，都会主动预学需要的知识技能指导或检查自己做得是否正确。

学习“认识线段”之前，让学生完成“画一条线段”的操作任务。一些学生有生活经验，会画线段，但要确认是否正确，也会主动开展自学教材或与同学交流等预学活动；另一些学生缺少生活经验，不会画线段，更会主动进行预学活动。课上，教师使用学生的作品作为教学素材，在学生评说中评讲。“共学”之后，让学生画完原来没画完的作品或画好原来没画好的作品，也可以重新画一条线段。

如果任务改成“画一条6厘米长的线段”，学生必须弄明白两个新概念“线段”和“厘米”，在内容就能实现“延学”（见图2），连续驱动学生预学“认识线段”和“认识厘米”两课内容。由此可见，与“画一条线段”相比，“画一条6厘米长的线段”的任务关联范围更大，对学生的挑战也更大。

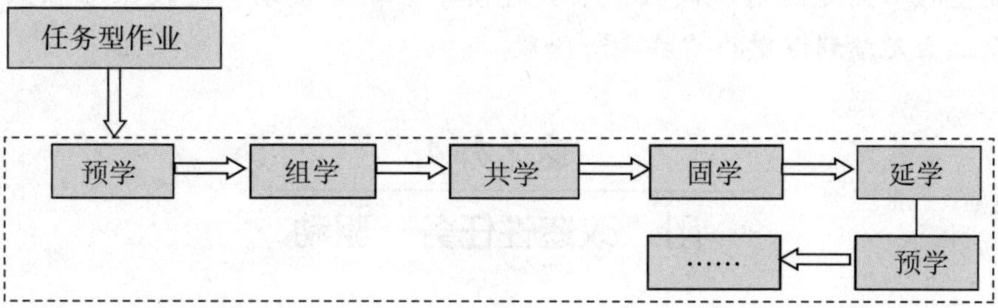

图2

这么办3

用“思辨性任务”驱动

在教材中，重难点知识大多费思量，触及核心问题，我们可以由此设计思辨任务，驱动学生开展预学以解开心头的疑惑。教学中，对重点知识的掌握、对难点问题的突破往往会伸展到“共学”环节，用“思辨性任务”驱动预学活动，其技术是把传统教学在“共学”环节才产生的疑惑前置（见图3）。

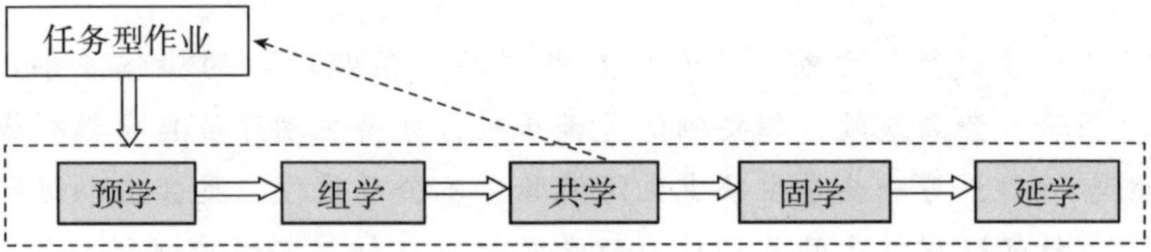

图3

教学李清照的《声声慢》，在预学时，教师可以设计这样几处思辨性问题。

(1)“淡酒”“大雁”“黄花”“梧桐”“细雨”这些意象若是放到其他地方，感觉都是非常美好的事物，为何在词人眼中却满是愁情呢？

(2) 对比南渡前的李清照，同样是写了“花”与“酒”的两首前期词作，为何大有不同呢？仅仅是生活经历的变化所导致的吗？

(3) 你觉得李清照有哪些不同于常人之处？

这些核心问题具有挑战性，很多时候学生在“预学”阶段很难独立解决，一般仍然会延续到课中的“共学”阶段。

这么办4

用“改造性任务”驱动

有些知识的获得和方法的推导不止一种路径，教师可以设计改造性任务，让学生换一种角度或换一种形式思考和研究问题。学生要想另辟蹊径，首先要了解甚至理解教材上编排的内容，由此驱动预学。学生一旦完成改造性任务，会丰富认知背景，强化对知识的理解和掌握。教学中，这种知识的拓展也同样放在“延学”环节，这也前置为预学任务（见图4）。

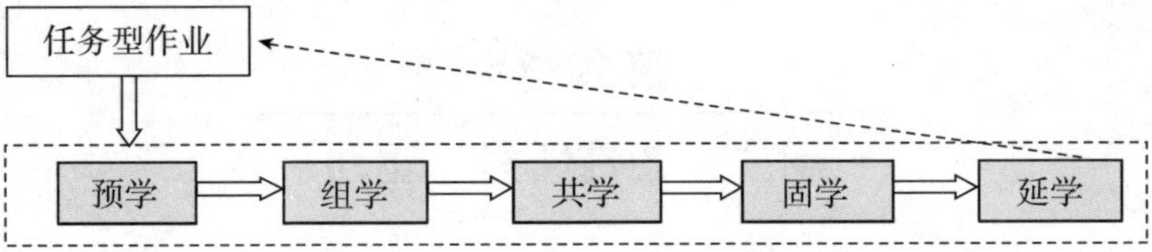

图 4

传统预习作业大多是以文字表述的形式出现，或填空，或简答，学生完成作业也大多以文字作答。学生喜欢“画画”，由此我改造成“画画”任务驱动预学活动。在传统课堂教学中，这样的“画课文”任务一般在练习后段才安排。

例如这样设计《活板》的预学任务：活字印刷术，是中国古代四大发明之一，体现了我国古代人民的智慧。《活板》这篇课文从“制字”“排版”“印刷”对活字印刷的程序进行了说明。为了将“排版”程序说明得更清楚、形象，请你预习课文，帮助老师把“排版”程序画成一幅连环画或示意图，必要之处可以用文字辅助说明。

学生要想通过画连环画或示意图把道理讲清楚，就必须先读懂文章内容。这样，将以往学生认为枯燥而不愿意做，或感觉比较难做的文言文疏通文义类预习作业与他们喜欢的画画结合在一起，就变成了大多数学生喜欢的“苦中作乐”。教师上课时，再将学生的“大作”进行评比，就于春风化雨之中完成了对文与言的双重预学任务。①

除了用画画文学，还可以用画画数学，甚至有医生用画画医学，目的是使传送的知识通俗易懂，当然也为了吸引人们观看。（参看配套 U 盘视频：数学老师用函数曲线画上百幅画，让学生感受函数的美丽②。）

① 张玉双．初中语文阅读教学预习作业可视化设计研究与实践［J］．语文教学通讯，2022（08）：21－25.

② https：//www. ixigua. com/6772806841463210508？fromvsogou = 1&utm_ source = sogou_ duanshipin&utm_ medium = sogou_ referral&utm_ campaign = cooperation. 本溪播报的个人主页——西瓜视频．

这么办 5

用“创想性任务”驱动

在杜威看来，“生长就是通过行动不断地向前发展，这个朝着后来结果行动的累积运动，就是生长的含义”。教学中，教师可以设计创想性任务，让学生根据知识的“生长”过程、“运动”轨迹不断创造出知识。尤其对并列式知识，教师可以设计“以终为始”的创想性任务，让学生围绕最终的任务要求从起点开始预学（见图 5）。

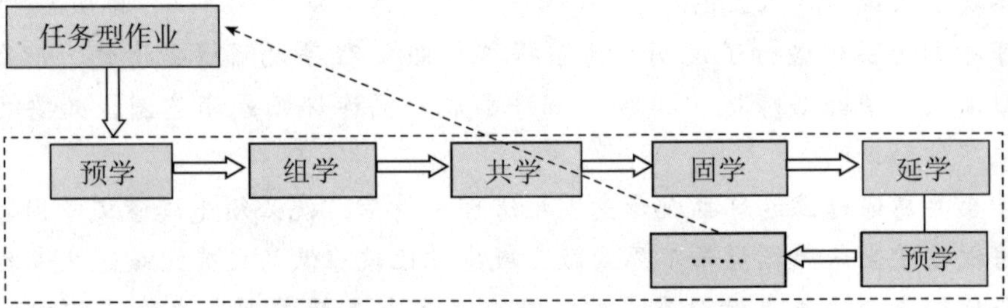

图 5

我们设计让学生完成“编写一个数的倍数特征的教材”的任务，学生就会主动预学起点教材“2 的倍数特征”，不仅要预学知识的探究方法，而且要预学教材的编写方法，然后以此为模板，完成其他数的倍数特征的教材编写任务。其中，“2 的倍数特征”的教材就成了完成任务的一份“说明书”，“2 的倍数特征”的教学就成了完成任务的一节“种子课”。

怎么办 22

如何开展破案式探究活动？

我们都知道，学生都喜欢看侦探剧，在学习中，他们也喜欢像侦探一样去“破案”。不管是案件还是案例，只要是疑案或议案，学生都有兴趣去破解。凡是让学生感到有疑问、有疑惑、有疑难的知识奥秘，都可以视作“疑案”让学生去探秘。那么，教师该如何开展破案式探究活动呢？

这么办 1

提供“有故事的疑案”

不管是小说、电影，还是漫画，只要它的核心是故事，大部分有着类似的戏剧结构。同理，如果一节课有“故事”，它同样能够产生戏剧效果。一节课开场的情景设计，不妨优选有故事的情景设计，以求能够引发或串联一节课的知识教学。其中，如果教师创设的情景故事是侦探故事，并能让学生像侦探破案那样学习，更会受到学生的欢迎。

学生学习化学“有机化合物”之后，我们设计了“指纹破案”跨学科主题活动，学生扮演法医的角色，进行“指纹破案”。

在破案中，学生需要多学科知识的支持：一是生物学知识，解释指纹能作为破案的科学证据；二是化学知识，显现指纹图案；三是法医学知识，正确地搜寻、保护与保存指纹及找到吻合的指纹等；四是技术知识，基于照片进行人工对比搜索吻合指纹到借助计算机技术的自动综合指纹破案系统。其中，化学学科主要是探究不同化学探测方法的效果及同一种方法在不同纸质上的检测效果。

“指纹破案”实践活动，让学生体会科学与生活的联系，体悟侦查人员获取线索需要跨学科知识与能力的重要性以及严谨、细致的工作态度和品质。[①]

这么办2

提供“有惊奇的疑案”

有人说：“生活并不是以你呼吸的次数来衡量的，而是以那些能让你屏息的时刻来衡量的。”如今的教学，就缺少能让学生“屏息的时刻”，对此，有一种方法是设计有惊奇疑案的情景，使学生急不可待地一探究竟。正所谓“思维自惊奇和疑问开始”。

对于小学科学“大气的压力”教学，可以设计“瓶子吞蛋”的实验来引入新课：将鸡蛋煮熟后剥去外壳，表面涂一层食用油。然后在牛奶瓶里投入一张燃烧着的纸片，这样瓶内的空气就会因为受热膨胀而被排出一部分。趁火势旺时，迅速将鸡蛋小的一端朝下放在瓶口上，将瓶口密封。火焰熄灭后，瓶内空气冷却，鸡蛋就会慢慢地被瓶子“吞”下。

学生看到比瓶口大的鸡蛋被“吞”下的过程，都会感到惊奇。这时，教师引导学生探索大气压力的秘密，就能收到良好的教学效果。

生活中，有着许多让人感到惊奇的真实事件，如果其中涉及学科知识，我们就可以把它们变成知识的“疑案”，用作学生的学习材料或练习材料。（参看配套U盘视频：北京卖煎饼馃子的大妈月入三万是真的吗[②]。）

① 苏传清，占小红．化学课程中跨学科主题教学设计的探索——以“指纹破案”为例［J］．化学教学，2019（10）：49－53．有改动．

② https：//www. bilibili. com/video/av27877664．钱线扒卦的个人空间——哔哩哔哩视频．

这么办3

提供“有曲折的疑案”

情节曲折能够让故事充满悬念，让读者时时刻刻牵挂着接下来会怎样。教学中，教师也可以提供“有曲折的疑案”，引发学生探究，这样的课堂可能不再平铺直叙，而变得“一波三折”。

对于数学“平年和闰年”一课，我们可以使整个知识的展开过程因有“转折”而有“波折”：

第一步：我们出示这样的信息：“小华每次过生日都要种1棵‘生日树’，她在12岁生日那天种下了第3棵‘生日树’。”学生普遍感到疑惑——“这可能吗?”“怎么会这样?”产生一探究竟的心理，从而产生学习的驱动力。

第二步：学生通过观察各个年份的年历，发现“四年一闰”的规律，教师出示这样的解释：“地球绕着太阳不停地旋转，每转一周需要365天5时48分46秒。为了方便，人们把一年定为365天。这样，每经过4年就多出23时15分零4秒，把这多出的大约1天加在2月里，这一年就有366天。因此，通常每4年里有3个平年、1个闰年。”让学生明白“四年一闰”的道理。

第三步：在学生形成“四年一闰”的认识之后，教师在一组判断是平年还是闰年的练习最后放入“1700年”，学生依据原有认识判断“1700年”是闰年之后，教师出示1700年的年历，学生发现1700年竟然不是闰年而是平年，接着教师又出示1800年、1900年的年历，至此学生认为“公历年份数是整百数的，不是闰年”。

第四步：教师随后出示“2000年”，学生同样判断“2000年”是平年，结果从2000年的年历中发现2000年又是闰年，剧情再次反转，学生越来越感到困惑——“这是怎么回事?”，教师顺势补充这样的解释：“但由于每4年多算了44分56秒，每400年就多算了3天2时53分20秒。所以，每400年就要少增加3天。”

第五步：教师进行总结，让学生最终明白如何判断公历年份是平年和闰年的方法以及为什么要规定的原因，也就明白了教材所写的“公历年份数除以4没有余数的一般是闰年”中“一般”的含义——“公历年份数是整百数的，必须除以400没有余数才是闰年”。

这么办 4

提供“有干扰的疑案”

很多时候，书本上呈现的知识都是剔除生活杂质后的压缩，书本上呈现的题目都是去除信息干扰后的简缩，如此理想状态下学习的知识、解答的题目往往只能纸上谈兵，一旦进入实战，学生往往会不知所措。而实际状况往往拖泥带水，会夹杂很多干扰信息，让人眼花缭乱。另外，除了不必要的信息干扰外，信息之间的错综复杂也会干扰人的思考，让人感到困惑，一时之间发现不了问题或者能发现问题但找不到问题的症结。对这样有困惑的问题，教师也可以拿来设计成“疑案探秘”任务，指导学生去找出问题所在。

2017 年 9 月 26 日下午，宁波海曙江厦派出所的廖警官，遇到了一笔“涉案金额”为 2 元的小纠纷：一名小朋友在小卖部里用 2 元钱买了 1 支雪糕。后来，小朋友的外婆觉得雪糕有点变形，怀疑是变质的，于是要求退钱，而老板不同意退钱。这时，一名女孩过来，买了 1 瓶 2 元钱的矿泉水。外婆就抢过女孩递给店老板的 5 元钱，然后找了她 3 元钱。女孩拿了钱就走了。可店老板没收到矿泉水的钱，于是，就报警了。

“那你们双方什么意见?”廖警官问道。“她把那 2 元卖水的钱还给我!”“那他得把买雪糕的 2 元钱退给我!”双方争先恐后地说。双方倒是很快协调好了，各自拿钱就散了。但是，廖警官回去后思考：“这笔账是这么算的吗?”于是，对该事件进行复盘。

正如例子所说，如果教师设计“疑案探秘”任务，学生在破案过程中，就会自觉调用所学的解决问题的策略知识，例如一一列举的方法和化繁为简的思想。

这么办 5

提供“有欺骗的疑案”

生活是个大熔炉，鱼龙混杂，难辨是非；生活也是个大炼炉，可以锻炼学生明辨是非的能力。其中，生活中的一些骗局可以考查学生的知识水平，一旦揭秘其中的知识原理，学生往往会豁然开朗，惊呼“原来如此”。

在学习化学苯的性质时，用“点水成油”实验来引入。我先告诉学生最近自己有一个“伟大”的发明，可以通过滴加“神液”把水变成油。实验过程是：向一个盛有水的小烧杯中滴加几滴苯，用火柴点燃，观察到“水”燃烧起来。这个实验既演示了苯不溶于水、密度比水小和可以燃烧等性质，又可以帮助学生破除伪科学的神秘面纱。“破案”式的实验教学让学生很快投入学习中，并对化学知识有了理性的认知。①

怎么办 23

如何用任务驱动学习？

“学习动力从哪里来？”，中国学校教育战略咨询专家沈祖芸在《全球教育报告》中认为：“‘任务’是生活的基本形态。要设计‘任务’，以‘任务’来驱动学习。”《国家教育事业发展“十三五”规划》在第三部分“改革创新驱动教育发展”中写道：“倡导任务驱动学习，提高学生分析解决问题的能力。”那么，教师该如何用任务驱动学习呢？

这么办 1

“任务”，让学习有目标

用任务驱动学习，首先要设计学生需求的任务目标。李希贵说：“课程是什么？不是知识的注射器，而是要把社会上的那些挑战，孩子们将来会遇到的那些

① 樊云峰．课堂教学中引入的技巧［J］．学周刊，2018（18）：86－87.

问题，打包浓缩，变成课程，让学生们提前体验，提前触发孩子们的禀赋。”许岑在《掌握陌生技能，没那么难》中写道：“生活中的困难，工作上的需要，都是任务。”教师可以把学生将来会遇到的社会上的挑战、生活中的困难和工作上的需要，打包浓缩，变成任务，驱动知识学习。

“社会上的挑战”涉及方方面面，例如人与自然资源之间的矛盾促进了低碳社会，这样的文化理念应该从小培养，引导学生在日常物品包装时能自觉关注“如何包装节省纸”的现实问题。在任务驱动学习中，这一挑战问题就可以成为任务主题，驱动学生学习“表面积”以及“表面积的变化”等数学知识。

“生活中的困难”，学生更有切身体会，例如老一辈人都有着勤俭节约的作风，对摇晃的桌椅都会自己修理——用一根木条斜向固定。学生在学习这一生活技能的同时，都会产生“为什么可以这样修理”的困惑，这一困惑问题就可以成为任务主题，驱动学生学习“三角形”以及“三角形的稳定性”等数学知识。

“工作上的需要”会是学生的将来，例如我们可以让学生模拟完成“采购开发票”“业绩看报表”“出差做预算”等实际工作中的任务，驱动学习“常见数量关系”“统计图表”以及相关计算等数学知识。

科学研究表明，学习心态影响着学生的学习方式以及他们对所学知识的看法，当学生对学习内容感兴趣并且认为它与未来生活相关时，他们会更有动力迎接学习上的挑战。另外，“知道为什么要学”也会让学习的目标更明确、更坚定。（参看配套U盘视频：彩礼算账。）

这么办2

“任务”，让学习有责任

用任务驱动学习，往往会让学生有一种仪式感甚至神圣感。学生接受了任务，也就接受了完成任务的责任。这样的责任感会促使学生时时关注任务完成的进度，例如“任务完成了吗”“还需要学什么”……这样的责任感还会促使学生处处评价自己的进步，例如“任务完成得怎样”“自己的收获有哪些”……用任务驱动学习，不仅能够很好地实现“教与学一致”，而且能够很好地实现“教学评一致”。

2019 年高考新课标 2 卷，作文的要求是先阅读以下材料。

1919 年，民族危亡之际，中国青年学生掀起了一场彻底反帝反封建的伟大爱国革命运动。

1949 年，中国人从此站立起来了！新中国青年投身于祖国建设的新征程。

1979 年，“科学的春天”生机勃勃，莘莘学子胸怀报国之志，汇入改革开放的时代洪流。

2019 年，青春中国凯歌前行，新时代青年奋勇接棒，宣誓“强国有我”。

2049 年，中华民族实现伟大复兴，中国青年接续奋斗……

然后从下列任务中任选一个，以青年学生当事人的身份完成写作。

①1919 年 5 月 4 日，在学生集会上的演讲稿。

②1949 年 10 月 1 日，参加开国大典庆祝游行后写给家人的信。

③1979 年 9 月 15 日，参加新生开学典礼后写给同学的信。

④2019 年 4 月 30 日，收看“纪念五四运动 100 周年大会”后的观后感。

⑤2049 年 9 月 30 日，写给某位“百年中国功勋人物”的国庆节慰问信。

这样的任务型作文，学生无论选择哪一个任务，都有一种时代责任感和使命感。

这么办 3

“任务”，让学习有主见

为了完成任务，学生会积极规划实施方案，主动选择方向路线，主动搜索知识技能，主动寻找合作伙伴……任务的完成过程，不仅推动学生的自主学习，而且推动学生的自主设计学习；不仅培养学生的设计思维，而且培养学生的决策能力。任务驱动学习，需要学生有主见——有思路，有思想。

2021 年江苏省语文中考南京卷有这样一道考题：

太爷爷的百岁寿辰将至，家人要为他举办寿宴。你结合太爷爷的“小档案”，完成以下几件事。

小档案

姓名：陈新民	性别：男	籍贯：江苏省南京市
1922.6	出生于江苏省南京市	
1941.6	投笔从戎，北上加入八路军	
1949.4	随军南下，参加渡江战役	
1951.2	参加志愿军抗美援朝，归国后在部队工作	
1982.6	光荣退休，其后积极为中小学生普及国防知识	
2002年至今	居家休养。每天打扫自己的房间，写写毛笔字，每周游泳一次	

1. 爷爷拟写了邀请函的正文，你推敲后发现加点词不妥，换成了（　　）。

喜逢父亲百岁寿辰，兹于6月22日18：00，在星舟大酒店万华厅举办寿宴。敬请前往！

A. 家父　光临　　B. 乃翁　莅临　　C. 令尊　驾临　　D. 我爸　到来

2. 爸爸、妈妈布置宴会厅（见图1），你去帮忙。

图1

（1）宴会厅要挂一副寿联。爸爸拟了上联，请你对出下联。

上联：四世同堂，福如东海长流水

下联：________________

（2）妈妈看到主席台区域只有一副寿联，觉得不够喜庆，寿星的风采也体现不足，想再添加一些布置。你按照方位顺序，向妈妈说明了自己的设计。

____

3. 太奶奶要你做主持人。太爷爷出场时该说什么呢？你准备了一段主持词。

____

上述情境任务，在真实做事中考查学生的知识能力和活动能力，其中，“添加一些布置”任务还考查了学生的决策能力和设计能力。（参看配套U盘视频：给史记人物写求职简历。）

这么办 4

“任务”，让学习有挑战

奥地利作家里尔克在《布里格手记》中说了这样一句话：“生活中没有初学者的班级，它总是要求马上就开始最难的。”直面困难，直面挑战，这才是生活的面貌，也可以是学习的面貌。“任务”，让学习具有挑战性。

对于“按比例分配”的数学问题，设计的任务主题可以是“制作酸梅汤”，也可以是“制作老白酒”。相比较，“制作老白酒”比“制作酸梅汤”难度更高——工艺更繁、流程更多、时间更长，不是一节课就能轻松完成的任务，况且其中还涉及发酵等化学和生物学知识。但正是这样有挑战的“大任务”，学生投入得更多，成功的乐趣也更大。最后，学生还可以为自己的产品设计广告，其中，定价涉及数学，文案涉及语文，又是一次综合能力的挑战。

这么办 5

“任务”，让学习有成就

有人说：“你定下的目标，除了需要你付出努力外，它也是一个奖励机制。在一步一步实现目标的过程中，你会看到自己正在慢慢有所收获，提高自己的成就感和满足感。”用任务驱动学习，不仅让学生看到学的现实价值，而且让学生看到人的生命价值；不仅让学生看到知识的力量，而且让学生看到自己的力量，最终让学生获得学习的力量——学习的动力、学习的能力和学习的毅力。

李希贵曾对学生做过一个调查：“在中学的语文学习期间，对你帮助最大的事情是什么？”

在所有的答案中，没有一个提到是因为老师讲得好，相反，很多学生对老师布置的“任务”感受深刻：登台讲了一节语文课、当了一次校刊编辑、受了一次迎奥运征文获奖的鼓舞……尽管这些任务很难、很烦、很累，但因为最终讲给人听、编给人看、写给人评，学生很有成就感，所以也就乐此不疲，幸福地受这样的任务驱动，不视之为负担。

怎么办 24

学生如何开展合作学习？

传统教学多是教师讲学生听，学生自主性常常受到禁锢，是一种被动接受式学习。合作学习，是在一定的范围内，学习成员之间互相交流、解疑、发表自己的意见与建议，可以求同，可以存异，以激发学生主体作用的一种学习方式。那么，学生该如何开展合作学习呢？

这么办 1

合作讨论

合作学习初期，为了让学生舒适方便，同桌两人一组结伴学习比较适宜。当学生逐渐适应了这种学习方式后，就可以增加组内人数，三人、四人甚至五人。约翰逊兄弟认为三人是最理想的组内人数，而卡根则更倾向于四人一组，因为四人一组更便于拆分成左右或前后两个两人小组。

另外，如果完成学习任务需要学生花 20～30 分钟的时间，那么三人一组可能是比较合适的。而如果比上述任务更为复杂精细，那么四人或五人一组可能是更合适的。

在学习《盘古开天地》一文时，教师就“盘古开天辟地，自己却化为乌有，他的这种行为可取吗？我们该怎么看呢？”进行拓展延伸，请学生以学习小组为单位，进行讨论交流，发表自己的观点，还可以进行辩论。这方式不但深化了教学主题，更提升了学生素养。

这么办2

合作探究

传统教学，有些教师为了不自找“麻烦”，就采取“单打”式教学方式。新课程教学，有些教师虽然注重了学生“双打”式学习活动，但往往编排的是一场“合作秀”，指定的合作人员、指定的合作任务、指定的合作时间、指定的合作方式、指定的合作程序，学生只能情非得已地“装模作样”（例如形同虚设的职责分工）和“装腔作势”（例如看似热闹的讨论交流）。

其实，合作应该是一种需要而不应是一种指令，教师应该通过情景“逼”着学生在难以或无法独立完成任务的困惑中，自觉呼唤合作，并构思合作形式、商量合作计划、分享合作成果、体会合作快乐。

教学“多边形的认识”课尾，我让学生用皮筋拉三角形和四边形，学生轻而易举地完成了任务。

我并没就此罢休，在原有要求的基础上增加了延伸活动：“能拉一个五边形吗?”多数学生尝试失败，几个学生借助牙齿拉出了五边形。“六边形呢?”学生尝试均失败，说手指不够用。

“有同学说手指不够用，你能想办法解决吗?”有些学生与同桌合作拉出了六边形，我及时表扬，并让他们介绍方法。我又问：“那七边形、八边形、九边形等多边形你们能拉出来吗?”此时，学生不假思索地回答：“只要有多个同学帮忙，这些多边形也能拉出来。”

这么办3

合作分享

要让合作学习真的有效，我们不妨从合作学习的五个元素入手：积极互依、个人责任、互动、团队合作技能、团队进度。如果说有时候合作是教师“逼”出来的，那么有一种合作却是学生自己想要的——“积极互依”：一是团队任务（目标）的达成，需要团队成员彼此的互相支持；二是团队成员完成分配给自己的任务，有助于团队整体目标的达成；三是某个成员如果未能履行团队责任，那么全队都将承受苦果。在学习活动中，有些合作项目，需要分解团队总任务，然后将任务的不同部分落实到具体的团队成员，并制定评估节点。

在初中二年级的文史探究活动中，教师把学生分成10个小组，在市区内10个不同地方探究，然后分享展示。因为不是所有小组都在同样的地方，所以请各小组从探究的地方带一份礼物回来，跟其他小组进行交换，并说明为什么带这件礼物回来，以及想以怎样的方式进行交换。[①]

美国阿伦逊设计了“切块拼接法”，分为材料切分、专家交流、知识拼接、公众认可四个环节。学生想要掌握其他的学习内容，唯一的途径就是认真倾听其他小组成员的讲解。因而他们都具有相互支持的学习动机，并表现出对彼此作业的极大兴趣和关注，同时也提高了小组内部成员的独立性。这种教学策略后经美国斯莱文改造为“切块拼接法修正型”：通过将学习总任务切块后再拼接，形成小组成员中相互作用的格局，任务关联性很强，同学之间必须互帮互教，才能保证掌握总任务，取得好成绩。（参看配套U盘视频：如何进行合作学习[②]。）

这么办4

合作表演

在合作学习中，有些任务需要群策群力，对此，学生首先要把“我和任务”转化为“我的任务”，然后把任务变成“群任务”，转化为“我们的任务”，让更多的人共同完成。

教学“相遇问题”一课，我们设计了“数学表演剧”的表现性任务，面对这样的“大任务”，学生寻求合作完成，首先撰写剧本，研究用文字表述还是用线段图呈现，然后进行分工：谁担任导演，谁扮演行人，谁布置场地，谁发号施

---

① https：//mp. weixin. qq. com/s？ _ _ biz = MzAxOTE1NzE2Ng = = &mid = 2651576423&idx = 2&sn = 45370854da49a776a4d5e051a576ae17&chksm = 803421a6b743a8b08658528e214f50b678d4e91b0739d5543a67ef68a81934d0b06ee3d722ca&mpshare = 1&scene = 23&srcid = 07040TLCv4pEjGxN0SyoTxim&sharer_ sharetime = 1656930592068&sharer_ shareid = 9f01d35dd8a24fbc1443de4c36b3d950#rd.

② https：//tv. sohu. com/v/dXMvMzgxMDMxNTQ5LzI5NjQyMDAzMy5zaHRtbA = = . html？ fromvsogou = 1&src = 12050001. 双减课堂的视频空间——搜狐视频 .

令，谁组织摄影……最后讨论出可以根据解答方式的不同来设计表演方式：

一是如果用“甲行走的路程 + 乙行走的路程”这样的数量关系式，表演就采用“先后走”的分镜头——先甲走完，再乙走完；

二是如果用“甲和乙行走的速度和 × 相遇时间”这样的数量关系式，表演就采用“一起走”的慢镜头——甲和乙同时走第一个时间单位，再同时走第二个时间单位……

在遇到困难时，学生还想到邀请自己的家长、高年级同学甚至教师共同参与指导。

在正式表演时，台下的学生会以自己是否理解掌握评判表演效果，还会作为观众提出意见和建议。之后，学生还会继续合作，完成“同时不相遇”“不同时相遇”以及“相背问题”“追击问题”“环形问题”等行程问题的编演任务。这样的“群任务”，可以很好地把“我的任务”变成“我们的任务”，凝聚大家的智慧。

这么办5

合作互补

差异是一种资源。从原则上讲，合作学习小组的构成要尽可能异质化，包含学习水平较低、中等、较高的学生，也可以按照学生不同的智能优势（视觉—空间智能、逻辑—数学智能、语言智能、音乐—节奏智能、身体—动觉智能、人际交往智能、自我认识智能和自然观察智能）进行异质分组，以便智力互补、能力互补，让组内学生体验到多样性的价值。教师给学生布置的合作任务也要体现多样性，这意味着组内学生需要调动不同的智能优势才能成功地完成学习任务。

如果教师布置给合作学习小组的任务是阅读一段文字，那么，这种任务就仅仅调动了组内那些阅读技能比较强的学生进行学习。但是，如果在布置学生阅读文字的同时，要求各个小组创作思维导图，或用戏剧表演的形式来表达阅读后的感受和收获，那么，小组要想成功地完成这类学习任务，就需要调动组内拥有相应类型智能优势的学生的积极性。①

① https：//mp. weixin. qq. com/s? _ _ biz = MzUyMTM5NzAyMA = = &mid = 2247563922&idx = 1&sn = d9b19e2350ec3c6ab9312586f459534f&chksm = f9d80ce1ceaf85f708bca89c7c7e9d44c91e8d7bd1ef4de13e332af53bc53de82d4bbd511e2e&mpshare = 1&scene = 23&srcid = 0704rINOYoB3zxNgHb3Uobnk&sharer_ sharetime = 1656930839550&sharer_ shareid = 9f01d35dd8a24fbc1443de4c36b3d950#rd.

怎么办 25

如何组织学生开展辩论活动?

课堂辩论是以学生为主体，围绕与所教知识相关的论题，特别是一些会有“异议”的知识，让学生从正反两个方面互相发难、各抒己见，在辩论中主动获取知识的一种教学方式。辩论可以很好地发现问题、激发潜能、启迪智慧，同时还能很好地活跃气氛以及发挥学生的主体性。那么，教师该如何组织学生开展辩论活动呢?

这么办 1

用辩论导入知识

俗话说，知识越辩越清，真理越辩越明。对一些有争议的问题，学生也普遍有想弄清楚的探究欲望，因此，教师可以设计一些具有思辨性的挑战性任务，导入知识学习。教学中，这些有争议的问题往往是知识的核心问题，也往往是教学的重点和难点。

教学“反比例”之前，教师设计这样的思辨性任务：“正比例和反比例真的有正反关系吗?”这一思辨性问题将会驱使学生主动关注正比例知识和反比例知识之间的关系。

经过学习，有学生认为它们“反”在结果——“正比例是商一定，而反比例是积一定”；有学生认为它们“反”在过程——“正比例的两个变量是同向变化，而反比例的两个变量是反向变化”。

还有学生提出质疑：“反比例不是真的比例。”他的理由是根据反比例的“积一定”列出的等式“$a \times b = c \times d$”不是比例式。一石激起千层浪，最后有学生辩道："$a \times b = c \times d$ 可以改写成比例式 $a:c = d:b$，从中可以看出两个变量是反向变化的，所以我认为反比例是比例，只是它是'反'比例。"

这么办2

用辩论组织知识

学习中的辩论、学生间的辩论，结果可能有对错，但辩论本身没有输赢。教师还可以在课堂教学前，就将辩论的题目发给学生，引导学生进行教材的预习和资料的收集，充分组织观点、知识、资料，准备课中的辩论。此时，辩论成了组织全课教学的一条主线。

历史课上，教师让学生围绕辩题"岳飞该不该班师回朝"进行知识准备。经过学习，正方学生阐述"岳飞在大敌当前顾全大局，避免了内战，牺牲个人，保全国家，是他精忠报国的一贯体现"；反方则指出"岳飞应当报国而不是报君，一个昏庸的君主只能阻碍国家进步、历史的发展，如取而代之，将得到人民的拥护，顺应历史潮流"。在辩论中，精忠报国的思想时刻冲击着学生的心灵，使他们对个人与国家的概念有了更全面的认识。[①]

在辩论中，学生需要在较短的时间迅速做出反应，对对方观点和对方所提出的问题进行分析、判断，并试图通过举例、演示、推理等多种方法证明自己观点的正确。学生的思维一直处在紧张、亢奋和高速运转的状态，思维潜力也会被充分地挖掘。（参看配套U盘视频：短剧：校园辩论赛"学生上课该不该带手机"[②]。）

① 陈慧方．用课堂小辩论培养学生的历史意识［J］．中学教学参考，2015（19）：97.

② https：//www. ixigua. com/6827350540960137741？fromvsogou = 1&utm_ source = sogou_ duanshipin&utm_ medium = sogou_ referral&utm_ campaign = cooperation. 小鹿开课了的个人主页——西瓜视频．

这么办3

用辩论解析知识

“一千个读者就有一千个哈姆雷特。”面对相同的问题或话题，学生可能会有不同的理解和感受。这样的“不同”，就可能成为比较的视点，也可能成为辩论的论点。为了能够让学生更好地表达自我，教师可以搭建辩论的平台，在争鸣中深化知识、品析知识、巩固知识。

《美丽的小兴安岭》课文中有这样一段：“春天，树木抽出了枝条，长出嫩绿的树叶。”很多教师都会将教学点聚焦在“抽”“长”两个动词上，重点引导学生尝试将“冒”“钻”等动词，与“抽”进行对比。学生认识到，原文中的“抽”字不仅表示自然生长的过程，同时也凸显了生长过程中蓄满了力量，生长的速度很快，而其他的动词则难以将这样的意思表达出来。

教学至此，似乎学生已经进行对比性的辨析，完全可以顺势收尾了，但教师还可以尝试将这两个动词调整顺序：“既然‘抽’字如此生动传神，那将‘抽’‘长’两个动词调换顺序，是否可以？”此时，学生的认知可能会产生较大的分歧，有些学生觉得可以，教师则鼓励学生将自己的思考通过辩论的方式展现出来。

正方观点是“这两个动词可以调换”，他们认为“抽”“长”都表达枝条和树叶新生、生长的过程，“抽”字所形成的表达效果，完全可以运用在“树叶”上，两个动词所描绘的画面，不会因为顺序调换而受到影响。

反方观点是“这两个动词不可以调换”，虽然调换顺序之后，这两个动词所共同营造的表达效果并没被降低，但不同的事物有着不同的生长状态，调换之后并不准确，例如“树叶”与“枝条”相比，长度上明显较短，而“抽”字只适用于较长的事物，枝条可以用“抽”，而树叶则不适合用“抽”。①

① 朱晓建．辩论：助力学生综合能力提升［J］．小学语文教学，2021（08）：11－12.

这么办4

用辩论深化知识

有学者指出，辩论是一种运用批判性思维的方法，人类许多最有意义的和最具批评性的交流是以辩论的形式进行的。苏格拉底在运用“辩论”教学方法时，立足特定的教育目标——“发展每一个人的思考力，使每一个人自身掌握真正的知识”，因而“不是凭借教授（授予知识），而是凭借正确的提问，刺激对方思考，引导对方朝向他所期望的方向，通过对方自身思考亲自发现真理”，从而实现辩论的育人价值。

在道德与法治八年级关于“隐私权”一课上，针对“社会公众人物有没有隐私权”这个问题，学生表现出了极大的热忱并展开了激烈的讨论和辩论。

我把持有不同观点的学生分成两大阵营，每个阵营分三个小组，小组内进行自由讨论，同时安排一位学生做论点记录。学生讨论时，我随机到一个小组，在听取学生讨论的基础上，扮演反方角色，与学生进行辩论。

经过教师参与的辩论与观点引导，激发学生新的思维亮点。例如一位同学提出“社会公众人物理应放弃绝大多数隐私权”这一观点，我马上提出反问“那如何界定公众人物呢？公众人物的隐私权需要放弃多少呢？按照什么样的标准放弃呢？放弃隐私权本身是否挑战了法律的公平正义原则呢？”经过追问，这个小组的讨论，从社会现象认知层次，上升到了法律依据层次，思维广度与深度有了明显的拓展。

通过不同小组的充分讨论，课堂后半段我组织了小型辩论赛，最后得出几点认识：（1）社会公众人物应该有隐私权，并受法律保护；（2）社会公众人物的隐私权与公共利益有关，因而受到一定限制；（3）应该鼓励社会公众人物积极行使隐私权，采取法律手段维护自己的隐私权；（4）社会应该形成保护隐私权的氛围，做到全面维护隐私权。①

① 蔡强．在课堂辩论中培养学生的创造性思维［J］．试题与研究，2020（10）：62－63.

这么办5

用辩论总结知识

辩论能力是一种综合能力，反映了学生的综合素养。辩论的结果，当然取决于不同认识本身的科学性。尽管很大一部分的辩论是有结果的，能够辩出是与非、对与错、真与假、优与劣、高与低来，但也有一部分辩论是没有结果的，或者说无所谓有没有结果，它只是有效驱动学生学习的引子而已。

教学“真分数和假分数”之后，在全课总结时，教师设计了这样的思辨性任务：“假分数是假的分数吗？”学生针锋相对地进行辩论，正方的论据及观点是：假分数实际上是带分数或整数，所以是假的分数；反方的论据及观点是：假分数同样符合分数的意义，所以不是假的分数。其实，两个观点都有道理，这一思辨性问题没有标准答案，学生上述辩论都是基于对假分数的正确认识和深入理解。

专题四 教学资源

资源，意为拥有的物力、财力、人力等各种物质要素的总称。教学资源是为教学的有效开展，提供的各种可被利用的条件。可以是教材、境材、人才，也可以是显性资源、隐性资源，还可以是设计出来的资源、利用起来的资源。

怎么办 26

如何用好预习成果？

许多教师都提倡学生预习，学生预习后的课堂，不再是传统的课堂，此时，“教材”变成了“学材”，成为学生演习的“图纸”；“课堂”变成了“学堂”，成为学生演习的“阵地”；“学习”变成了“学问”，成为学生演习的“武器”。因此，教师要根据学生的预习情况来决定自己的教学任务。那么，预习后教师该如何用好预习成果呢？

这么办 1

“没问题”的做“点播”

有些教材比较简单，学生预习后完全能自行掌握，对此，教师就可以利用学生的向师心理，引导学生当“小老师”或直接让学生当“小老师”，教师则退居二线，担任助教或“学生”。

在“数字与编码”综合实践活动课中，通过预习，学生知道了在生活中，很多地方用到了数字编码表达信息，关于相对较复杂的身份证号码的编写规则，教师基于学生的课前预习，设计了“小小解读员”的表现性任务，通过“点播”方式，被点到名的学生上台当小老师“播送”自己预习后对知识的理解，下面的“学生”可以提问、追问甚至质问，“小老师”进行答问。当然，“小老师”也可以不答问，而反过来“点播”教师，让教师答问；同样，教师也可以不答问，反过去“点播”其他学生答问。

当学生知道预习之后就有资格当“小老师”或更有资本当好“小老师”时，

便会积极主动加入预习的队伍。(参看配套U盘视频：孩子不爱预习和听写？让他当当小老师，一个内容学四遍①。)

这么办2

“说得乱”的就“点焊”

有些教材内容虽然比较“简单”或与学生生活联系比较紧密，但知识点比较多，学生虽然有能力自己学会大部分新知识，但在汇报的时候可能有点“乱”。教学这种教材的课堂上，教师可提供一个比较好的素材或情景，让学生尽情“挥洒”自己的所见所闻所思，其中，教师相继“点焊”学生参差不齐（先后顺序杂乱、深度广度不同、正解误解并存）的汇报，整理成“章”，沟通成“网”，从而把学生预习时比较零散和孤立的、按水平方式排列的知识点“焊接”成颇具条理和逻辑的、按层次有序排列的知识链。

学生预习“圆的认识”后的连接点可在于“用哪条‘红线’串联知识可以让学生看得见、摸得着而畅所欲言”。

课堂教学时，教师用学生熟悉的生活实例，让学生用预习的数学知识解释生活现象，检查学生的预习情况，查漏补缺，疏通整理。

多媒体电脑播放“圆形车轮滚动”和“非圆形车轮滚动”的对比情景。

学生有感而发，说出他们的见解，教师适时引导学生转换成数学语言并在适当位置板书。一节课结束，教师根据学生的回答勾连出了完整的板书，一目了然。学生既把预习的知识“格式化”，又把学习的知识“生活化”，学得有理、有据、有序、有趣。

这么办3

“有想法”的就“点将”

有些知识具有很强的思辨性，可以“辩”，如果学生预习后有想法，教师可

① https：//www. ixigua. com/6816975903139037696？fromvsogou = 1&utm_ source = sogou_ duanshipin&utm_ medium = sogou_ referral&utm_ campaign = cooperation. 晓航说的个人主页——西瓜视频.

以采用点将的方式，让他们秀一秀、辩一辩；有些知识具有很强的活动性，可以“玩”，如果学生预习后有想法，教师可以采用点将的方式，让他们秀一秀、玩一玩；有些知识具有很强的表现性，可以“演”，如果学生预习后有想法，教师可以采用点将的方式，让他们秀一秀、演一演。

上课伊始，教师刚说“课前你们预习了‘平移和旋转’”，就有一位学生逞能：“老师，我会表演平移和旋转！”

于是，教师就见机行事，让这位学生上讲台表演。这位学生用右手臂伸直从左往右移动来表示平移，结果有一位学生对此质疑：“我觉得这不是平移，是旋转。”教师趁机引导学生进行再研究。

在帮助学生弄清楚平移和旋转含义后，教师再次点将：“我们该怎样用手势正确表示平移？”“你还会用手势做其他方向的平移运动吗？”“谁会根据小纸条上写的要求（如转方向盘、拍皮球等）做肢体动作，让同学们判断你在做什么事情？”……

学生们感觉上了一节快乐的数学游戏课。

学生都喜欢表现，表现自己的才能或才艺，表现自己的作业或作品，如果学生预习后有想法，教师可以采用点将的方式，让他们秀一秀、比一比。

结合预习“写”和“读”的内容，教师让学生“秀一秀”自己的“字”，“秀一秀”自己的“声音”。开辟班级“写字园地”，展出书写美观的字词预习作业。课前五分钟随机抽签确定两三名学生，让他们选择自己喜欢的段落展示朗读。

将课前搜集的图片、文字资料分类展示，建立学生个人“预习成果”资料夹，自己设计封面，依照课文顺序装订，作为班级共享资源。“思”的预习内容结合课堂发言有意识地评价，每周综合评出“预习积极分子”，使学生更加自觉、积极地投入预习活动中来。①

---

① 程月红．小学语文预习指导“三要三忌”［J］．安徽教育科研，2022（7）：28－29.

这么办4

“搞不懂”的就“点拨”

学生凭借旧知的复习和新知的预习，对一些浅显的知识能自学并理解，对一些深奥的知识学生能临摹但不解。对此，教师应在学生汇报中充分“暴露”他们的“已知”与“未知”，对学生尚“疑无路”的问题进行点拨。

预习“三角形的三边关系”后，课上有学生提出：“我觉得书上这句话‘三角形两条边长度的和大于第三边’不对。你看，4 厘米、5 厘米和 10 厘米是不能围成三角形的，但是 10 厘米 +5 厘米 >4 厘米，不是两条边的长度和大于第三边吗?”马上有部分学生附和，说预习时也觉得不对，应该改为“三角形任意两条边长度的和都大于第三边”。

我立刻组织探究与讨论，一位学生的一番话使有疑问的学生茅塞顿开：“说的是‘三角形’两条边长度的和大于第三边，而你们刚才说的那个例子是不能围成三角形的，只有已经成为三角形了才可以来谈论它的边的情况。”①

学生预习之后的“已知”与“未知”，教师可以通过提问的方式使之“暴露”出来，开展有针对性的教学。（参看配套 U 盘视频：语文预习效果好不好，三个问题见分晓②。）

这么办5

“看不到”的就“点补”

苏霍姆林斯基在《给教师的建议》里提出了一个重要理念：有效学习的策略之一是“不断充实学生的‘智力背景’”。“智力背景”是指学生对学习材料的了解程度、信息累积程度、熟知程度以及已经具备的认知水准等。所以，教师有

① 刘红专．预习后，学生提出的问题竟这般深刻！[J]．小学教学参考，2012（08）：76. 有改动．

② https：//www. ixigua. com/6922440698398507528？fromvsogou = 1&utm_ source = sogou_ duanshipin &utm_ medium = sogou_ referral&utm_ campaign = cooperation. 余老诗写作课的个人主页——西瓜视频．

责任“点补”学生预习所“看不到”的资料，丰富学生的“智力背景”。

学习《景阳冈》一文，完全有必要提前让学生认真阅读《水浒传》；学习梁晓声的《慈母情深》，可以提前布置学生阅读《母亲》；学习鲁迅的《少年闰土》，课前可让学生认真阅读《故乡》，学生肯定会思考得更多、更深刻。通过以阅读为主要方式的预习行动，让学生有充分的“智力背景”和知识储备，这样更有利于他们在课堂学习时和教师进行平等对话。

这样以阅读整本书为内容的预习作业设计，属于“预习长周期作业”，它可能需要教师提前1～2周甚至更长时间布置，以便让学生有更加充裕的阅读时间做好充分的学习准备。①

另外，对预习后依然“看不到”的深层或隐性内容，课中教师也应该及时“点补”，帮助学生更全面、更深入地理解所学知识。

怎么办27

如何使用和开发教材？

教材是一切教学的根源，是精选出来供学生学习的材料。因此，备课应“吃透教材”、学习应“围绕教材”、考试应“紧扣教材”，这并非指教师只能照搬教材，相反要激活教材资源，并进行最大限度的开发，使教材变为学材，让教师教有新意，学生学有创意。那么，教师该如何使用和开发教材呢？

---

① 黄吉鸿．优化内容，提升品质——试谈“双减”背景下的语文预习作业设计［J］．小学教学研究，2022（18）：11－13.

这么办1

教材并非教学之“第一”

“教材并非教学之‘第一’”的教材观，可以回答“为什么可以改进教材”这个问题。教材虽然是依据国家的教育方针和课程标准、遵循学习规律由专家开发、编写而成，但它不是第一位，并非不可改变。教师应该在课改理念的指导下、在实践的基础上改进教材。也就是说，主导教学第一位的不是教材，而应该是先进的教学观念。教师只有拥有先进的教学观念，才具备教活书的条件。

在学习“用角度和方向确定位置”一课时，学生普遍感到教材情景（见图1）不真实——无法理解确定位置的实际需要。于是，学生也就没有学习需要，如此照本宣科的教学很容易导致学生被动学习。

问题：一艘轮船向正北方向航行，你能说出灯塔1和灯塔2分别在轮船的什么方向吗？

图1

我们基于“学生需有学习真实需要”的教学理念，决定用任务驱动学习。如何让教材情景变成真实任务呢？我们就要思考生活中什么情况下最需要用方向和距离来确定位置，不难发现在茫茫大海中进行船只救援的时候，探测人员会以这种用方向和距离的方式来帮助救援人员确定船只的具体位置。如此设计，与教材编排最大的“不同”是观测点由船只转换到了灯塔，教学方式最大的“不同”是以处理事故为任务来驱动学生学习的力量更强。

这么办2

教材并非教学之“唯一”

“教材并非教学之‘唯一’”的教材观，可以回答“怎样改进教材”这个问题。教材虽然是重要的教学资源，但不是唯一的教学资源。教学的可用之“材”，除“教材”以外，其实还有“境材”——周围的环境资源和学生自身的人才资源。教师应结合其他教学资源来增删、重组、包装“教材”，使“教材”情趣化、生活化、活动化。

初中语文《罗布泊，消失的仙湖》是一篇报告文学，写的是罗布泊的变化史，主题非常明确，就是要爱护环境、保护环境。但学生如果仅仅局限于课本的学习，就会觉得自己离罗布泊和青海湖很遥远，保护环境的意识还不强烈。如果教师能结合当地的实际情况引导学生来谈，学生就会对课文的主题有更深刻的理解。课后还可以布置学生搞一些调研活动，了解附近水源的丰缺情况和污染状况，提出保护水源和环境的措施，教材的主题就会得到深化和拓展，学生保护环境的意识就会得到强化。①

河北省唐山市荣华道小学进行环保知识普及教育已有20多年，但都是使用外地教材，很多案例内容因为有地域差异，学生缺少兴趣，于是教师历时10个月编写完成一套名为《绿色未来》的环保教材，用身边的环保案例启发学生的环保意识，课内讲授与课外参观结合，学生可以亲身体验课本中的授课内容。（参看配套U盘视频：河北一小学自编“本地版”环保教材值得借鉴②。）

① 王敏勤．怎样“用好教材，超出教材”［J］．江西教育，2008（08）：41.

② http：//news. cntv. cn/program/difangminglan/20121113/101020. shtml？fromvsogou =．中国网络电视台“7点最新闻”节目．

这么办3

教材并非教学之“归一”

“教材并非教学之‘归一’”的教材观，可以回答“改进教材后是为了什么”这个问题。改进“教材”是为了能更好地融入学生熟悉、鲜活的“境材”内容，更有利于发挥学生的“人材”优势。学生从“境材”出发，结合自己的“人材”特点，通过“教材”对教学内容的有序组织，学习知识，形成技能。

这里，笔者认为“教材”教学的最终目标并非回归“教材”，而应该是回归“人材”（进一步增智培能）和回归生活（进一步解决实际问题），才有可能引导学生学活知识、学好知识。就此而言，“教材”并非教学的出发点，更非教学的终点，而仅仅是教学的媒介。

学习化学的最终目的是让化学知识服务于我们的生活，但教材在讲解化学物质的用途时，却往往只以一些简短的陈述性文字一带而过。因此，可以尝试挖掘教材中这些文字背后的隐性资源，并设计成生活化的实验。

教材“盐类的水解”中“影响盐类水解的因素”部分，在讲解盐的双水解原理时，教材没有设计实验辅助说明，只有一段陈述性的文字：“泡沫灭火器是常用的灭火器，内筒为塑料材质，内盛硫酸铝溶液，外筒和内筒之间装有碳酸氢钠溶液。使用时将灭火器倒置，此时，硫酸铝溶液和碳酸氢钠溶液混合，两者发生剧烈的反应，产生的大量二氧化碳和氢氧化铝等一起以泡沫的形式喷出，覆盖在燃烧物表面，从而达到灭火的效果。”学生理解起来有如空中楼阁，而自制简易泡沫灭火器，有效减轻了学生学习该抽象原理时的困难，并为知识能够学以致用创造了条件。①

① 王建民. 将教材资源设计成生活化实验的案例［J］. 化学教育（中英文），2017，38（15）：14. 有改动.

这么办4

教材并非教学之“专一”

“教材并非教学之‘专一’”的教材观，可以回答“怎样开发教材”这个问题。其中有一种开发教材的方法是整合不同学科的内容，使教材不再“专一”。

新课改一方面通过增加一些综合性的课程来整合学生的知识，如“科学”课整合了物理、化学、生物三科的内容；“艺术”课整合了音乐、美术的内容。另一方面，在各科教材中也增加了不同学科的知识，加强不同学科的联系，如初中语文新教材设立了“科学”单元，生物新教材设立了“生物学与文学”栏目，历史新教材中有许多是文学、科技等文化发展史方面的内容，等等。这些都促进了科学精神与人文精神的相互渗透与融合。

除了教材中已有的学科渗透，教师在教学时可有意识地进行多种学科的交叉与整合。

学习小学语文《第一场雪》，有条件的地区，课前教师可布置学生到雪地里观雪景、滑雪、堆雪人、打雪仗、拍照，回来后写感受；也可上网或到图书馆查阅与雪有关的小说、诗歌、散文、图画、照片、歌曲等；也可自己创作与雪有关的图画、文章等。这样上课时，在基本学习课文字词、结构和写作特点后，教师可引导学生展示自己收集到的各种体裁和形式的与雪有关的资料，让学生朗诵诗词、唱歌、绘画等，内容都与雪有关系，丰富多彩，既加深了学生对课文的理解，又丰富了课堂的内容，也提高了学生的学习兴趣等。①

教师可以整合各个版本甚至各个年代的教材，让学生拥有更多的资料用于补充或参考。（参看配套U盘视频：《通史复习新旧教材整合》②。）

① 王敏勤．怎样“用好教材，超出教材”［J］．江西教育，2008（08）：41.

② https：//www. bilibili. com/video/av59864227？fromvsogou = 1&bsource = sogou&fr = seo. bilibili. com. 漫步云端历史君的个人空间——哔哩哔哩视频．

这么办5

教材并非教学之“统一”

“教材并非教学之‘统一’”的教材观，可以回答“开发教材是为了什么”这个问题。教师不能固步于教材的课时划分，而应根据学生学习的实际情况，决定是否需要调整教材进度、内容密度与知识难度。特别是在大单元统整教学中，教师更不能因为“教材统一”而“教学统一”。

在“长方体和正方体”单元的教学中，“长方体和正方体完全表面积”和“长方体和正方体不完全表面积”这两个课时的学习都是建立在对两种立体图形的认识和研究了它们的展开图的基础上进行的，都可以看成生活中各种应用情形，两节课的教材在编排上基本一致，由此我们完全可以把两节课合并成一节课进行教学，让学生完成在生活中可能遇到的各种长方体或正方体完全或不完全表面积问题的计算任务。

怎么办28

如何开阔学生学习视野？

知识学习需要融会贯通，一是能够把各种信息融汇在一起，提高学生学习的底线，提供更多的信息背景；二是能够把各种方法贯通在一起，提高学生学习的底气，提供更多的学习方法供学生选择。那么，教师该如何开阔学生的学习视野呢？

这么办1

多法并用

教学中，重点知识的突出和难点知识的突破是关系到教学成果的关键。在知识“攻关”过程中，教师有时使用一种教学策略未必能让学生看得懂、想得通，而需要多法并用，同心协力，集思广益，“夹攻”知识堡垒，全面和深入地帮助学生理解知识的来龙去脉，并让学生学会更多探究问题的方法。

针对数学“小数加减法”一课，教师创设情境：“笑笑陪妈妈到超市购物，买了一瓶酸牛奶，单价1.25元；一袋饼干，单价2.41元。收银台要妈妈交3.66元，对吗？”学生列出算式“1.25+2.41”后，教师让学生自主思考计算方法。学生想到了以下不同的方法。

1. 利用生活经验，结合实际情境来解决。1.25元等于1元2角5分，2.41元等于2元4角1分。1元加2元等于3元，2角加4角等于6角，5分加1分等于6分，合起来就是3元6角6分，以元作单位就是3.66元，算式是“1.25+2.41=3.66（元）”。

2. 运用整数加减法进行推理（见图1）。1.25元、2.41元可以分别看作125分、241分。

$$\text{因为}\quad \begin{array}{r} 125 \\ +\ 241 \\ \hline 366 \end{array} \quad \Longrightarrow \quad \text{所以}\quad \begin{array}{r} 1.25 \\ +\ 2.41 \\ \hline 3.66 \end{array}$$

图1

3. 借助数形结合直观图来解决（见图2）。

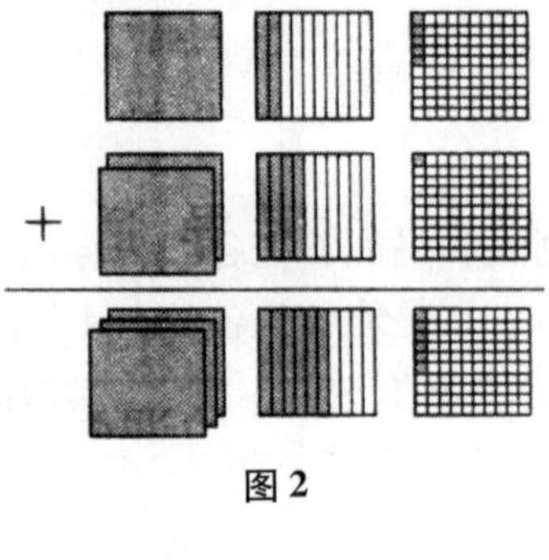

图2

在学生交流中，教师适时抓住表述中的关键词，加以提炼：对于第一种方法，抓住“元＋元”“角＋角”“分＋分”；对于第二种方法，抓住“个位＋个位”“十分位＋十分位”“百分位＋百分位”；对于第三种方法，抓住“块＋块”“条＋条”“格＋格”。

有了这样的提炼，学生很容易理解三种方法的共同点：相同数位对齐，相同数位上的数相加减。“怎样才能做到相同数位对齐呢?”教师顺势点拨，学生豁然开朗：只要小数点对齐，相同数位就对齐了。

学生尽管能够用多种方法来解读知识，但有时还是不能深入触及知识的内核，此时就需要教师把学生从“论事”引到“论理”再引到“论法”，最终融于一体，帮助学生解开知识的密码。

这么办2

多种经营

传统作业更多地用题目联结，给学生的感觉就是做了一题又一题，而板块式作业比较灵活，以学生喜欢的活动板块联结，每个板块作业的活动类型又不尽相同，给了学生新的期待，可以打破“作业＝做题”的传统认识，赋予学生个性化和生活化的作业空间，可以开阔学生视野。多种板块作业的多种经营模式，具有生活、个性、系统、人性、交流、主动等特点，容易获得学生的好感。

我设计了“3＋x”语文作业板块：

“3”即以下三大板块：新闻板块、阅读板块、心灵记录板块。新闻板块要求学生记录当日新闻两条，并根据自己能力做简单点评或者记录感受；阅读板块要求学生记录当日的阅读篇目以及读后感或者好词佳句；心灵记录板块既可以记录学生的瞬间感受，也可以是一日之中的小事记录，甚至可以是小牢骚、小要求、小意见等，这一板块的作用有二：一是可以让学生每天练笔，二是教师可以了解学生的心灵动态。

“x”则五花八门，满足了学生自己给自己布置作业的创造欲望，它可以是笑话栏目、小故事栏目、军事栏目、歇后语栏目、诗歌栏目、悄悄话栏目等。

这么办3

多元反思

理想的教学应该能够让学生“过一点”而“知整体”，教师必须把“孤立的知识”不断融合，使知识能够“夹杂”，通过有序的渗透和合理的组合，逐步建构出知识的整体框架，使学生在知识的融会贯通中形成灵活判断与主动选择的意识和能力。这种融合贯通可以摆脱知识点的束缚，并且超越知识结构教学的框架，在更大的知识整体的范围内实现局部知识与整体、内在结构的沟通。

在“除法的一些简便算法”课上，新授结束，在练习中我补充了两组计算题：

第一组：①390÷10÷3　②390÷6÷5

第二组：③270÷27　　④270÷18

对第①题和第③题，我引导学生观察发现此两题没有简算的价值。

对第④题，我引导学生注意简算方法的多样性以及合理性。例如，“270÷18=270÷3÷6”较“270÷18=270÷6÷3”简便，“270÷18=270÷9÷2”较“270÷18=270÷2÷9”简便。

最后小结：从中我们可以看出，应用除法规律，可以使一些计算简便，我们应该注意观察题目特征，具体情况具体分析，思考“能不能简算”和“要不要简算”这两个问题，从而确定比较好的计算方法，这样才会提高我们的计算速度和准确率。

教师应抓住课题“除法的一些简便算法”中的“一些”这个学生不太注意的限制词，在常规练习结束后，及时补充一些用了除法规律反而使计算不简便的反例，提醒学生注意，不要形成思维惯性，把运算定律当成能使所有计算简便的应用上的“定律”。同时也应告诉学生，在使用运算定律进行简便计算前，一定要看清题目特征，再研究决定是否需要使用运算定律进行简便计算。也就是说，正确的教学应该让学生在审题时有两次判断行为，一是思考“能不能简算”，二是思考“要不要简算”，而后者往往是教师教学时所忽视的。

这么办 4

多方支援

教学实践表明，再精彩的内容、再前卫的教学方法，若一旦“熟悉化”，学生就会产生厌烦情绪。只有当输入的信息与学生现有的认知结构之间具有一定程度的差距时，学生的兴趣才会最大。因此，要使学生对教学内容产生兴趣，陌生化地“夹生”处理无疑是一个行之有效的做法。除了教学内容的陌生化，还可以是教学人员的陌生化。如果有陌生教师加入，同样可以使学生眼前一亮，对接下来的教学产生兴趣。

小学语文课本编排体例大多是单元板块式，教师可以根据自己的教学特长，选择合适的教学内容，在其他班级“巡回演出”。

有一位教师在自己的班级中教完《祁黄羊》一课后，感觉意犹未尽，而隔壁班的教师对古代人物的课不太感兴趣，于是他便主动请缨，要求到隔壁班级去教《祁黄羊》。而下一单元的现代文，刚好是他的弱项，却是隔壁班级教师的强项，于是便请她到自己班级中来教现代文。学生对新老师充满了好奇，所以听课也就格外认真，教学效果也就格外好。

教师的多方支援，除了“一人上几个班”，还可以是“几人上一节课”，也就是多学科合作教学。（参看配套 U 盘视频：北京：融通教育　三个老师“合作”一堂课①。）

这么办 5

多驾齐驱

在教学中，教师一般会忠实地对教材的编排内容和编排顺序“照章办事”，并保持“绝对现场”，不敢或不会对教学内容和教学时间进行增加、缩减或调

① https：//tv. cctv. com/2014/11/28/VIDE1417161133762842. shtml. 中央电视台新闻频道“新闻直播间”节目.

整。在新课程教学中，要求教师不成为教材的“奴隶”和“话筒”，教学过程也并非生产流水线，教师完全可以根据知识的联系，把原本单列但实质相同的教材内容重组，在朝着相同方向“并驾齐驱”中整合教学，实现同化学习，从而提高教学效率，让学生经历完整的探究过程。

在教学“加法交换律”一课时，我把它的姐妹篇“乘法交换律”一课从后面的单元中提前进行整合教学：

1. 让学生观察生活现象，比一比，说一说，什么变了，什么没变？

2. 这种“变与不变”现象在数学知识中有没有？能举几个例子来说明吗？学生举例：$56+100=100+56$，$8\times6=6\times8$，$12\times10=10\times12$，$3+4=4+3$，$73\times2=2\times73$，$100+200=200+100$ 等。

3. 这些算式你能按一定标准进行分类吗？你能用一句话把你发现的规律概括出来吗？

…………

怎么办 29

教学如何实现学科融合？

学科融合，是指在教学过程中不再是单一的学科教学，而是通过将两种或两种以上的学科进行结合，提升课堂教学质量的一种教学方式，是在承认学科差异的基础上，打破学科界限，运用学科间的不断渗透和交叉，使课堂教育价值得到充分发挥。那么，教学该如何实现学科融合呢？

这么办1

美术＋音乐

美术与音乐同属艺术领域，都是提升学生艺术素养与综合素质的重要载体。为了全面提升学生对美的认识，加强学生对美的探索，教师在进行教学的过程中，可以将美术与音乐进行有机结合，通过学科的交叉与融合教学帮助学生深入了解艺术的存在方式以及表现形式。

美术教材涉及皮影戏和戏曲的相关内容，美术教师可以从造型、颜色、材料等方面入手，让学生了解中国的传统文化。但是单一的美术教学，会使课程中戏曲部分的教学有所欠缺，这就需要音乐教师的加入与协助，让课堂变得更有深度和内涵，让学生通过听觉和视觉两方面的赏析，对中国传统文化有新的认识和理解。

美术教材“听音乐画音乐”结合了美术与音乐元素，在课堂教学过程中，教师要引导学生通过欣赏不同的音乐，以点、线、面、色彩等将所听到的音乐展现出来，加深学生对音乐的感知。

这么办2

音乐＋语文

音乐和语文虽然属于不同的领域，但都是富有魅力的情感表达方式，可以陶冶情操、放松身心，唤起人们对美的追求，音乐中的歌咏、舞蹈、唱词等都可以和语文教学有机融合，提高和增加课堂活跃度和趣味性，让学生在教学中感受美。

我国著名作曲家谷建芬老师及其他音乐爱好者为孩子们谱写了大量的古诗词歌曲，其中部分被编入音乐教材当中，孩子们在语文学科中学习过的古诗词，再到音乐课中来唱，使孩子们愿意主动了解古诗词，并在了解的过程中体会到古诗词独特的美，还能从旋律的高低起伏感受到它们的音韵美。

例如小学四年级音乐，就将《忆江南》（白居易）纳入课堂教学中，要求孩子们用自己的歌声演唱，从中体会江南风景之美。授课时，教师要充分发挥语文教学的特色，将教学过程分为吟诵、吟唱和表现几个主要板块。引导学生吟诵时，加入了歌曲《忆江南》的伴奏音乐，伴随着老师的指挥动作，学生不仅能够声情并茂地吟诵古诗，还能从中感知歌曲旋律走向，为后来的吟唱古诗做了很好的铺垫，接下来的教学中，教师只需要引导学生聆听范唱，学生就会不由自主地跟着哼唱起来，在一字多音的难点旋律处，用钢琴带唱以正音。表现歌曲的环节也大量体现了音乐与舞蹈的融合，学生通过欣赏，学习几个简单的舞蹈动作。女生的动作基本以柔美为主，男生的动作以表现书香气为主，配合歌曲进行表演，从而让学生进一步感受江南景色的美和人文的美，达到全面育人的目的。①

这么办3

语文+数学

语文和数学，一个属于文科，另一个属于理科，似乎井水不犯河水，但在运用知识处理技术问题或设计教学艺术的时候，它们又可能会走到一起，共同服务学生的学习，例如用数学中的计算引导学生发现语文中的问题。

教学语文《项脊轩志》时，针对“室仅方丈”“前辟四窗”，教师和学生算了一笔账，“项脊轩面积只有一丈见方，一个墙面只有3米多长，在一个墙面上要开辟出四个窗子，再留出能自由出入的房门，一个窗户能有多长？在如此短的墙面上开辟一两个窗子就足够了，但他还要开四个窗子，这合理吗？”

对这句字面意思理解没有难度的古文，细心的教师于平常处发现了反常，通过数学计算提出质疑，成为促进教学强有力的抓手，激发了学生探究答案的强烈欲望，提升了学生的批判性思维能力。②

反过来，教师也可以用语文的知识助力数学教学，比如成语中的数学、古诗中的数学、故事中的数学，还有语文中的扩句、缩句技术对数学教学中寻找关键句、分析数量关系有一定的帮助，语文中的比喻、拟人等修辞手法对数学知识理解也有一定的辅助作用。（参看配套U盘视频：一道中考经典题：什么，一道古诗咋就成了数学题？③）

---

① 张雪．古诗新唱促进小学音乐与语文学科的有效融合［J］．贵州教育，2021（19）：45－46.

② 尹建坤．基于提升批判性思维层次的语文阅读教学［J］．语文教学之友，2022，41（02）：24－26.

③ https：//www.ixigua.com/6908321178822279683？fromvsogou＝1&utm_ source＝sogou_ duanshipin&utm_ medium＝sogou_ referral&utm_ campaign＝cooperation. 我的数学我做主的个人主页——西瓜视频.

这么办 4

数学 + 劳技

数学更多的是动笔，劳技更多的是动手。数学和劳技中的动手制作同属“指尖上的学问”，劳技更多的是学生“心灵”后“手巧”，数学更多的是学生“手巧”后“心灵”，但它们都能让学生变得心灵手巧。

教学数学“圆柱的认识”一课时，教师让学生制作圆柱学具，由此体认隐含的圆柱特征。

第 1 次制作：提供一个圆柱物体，让学生制作与这个圆柱物体一样的圆柱学具，此时学生想到的方法大都是描下圆柱物体的底面，然后用纸去围圆柱的侧面，在此过程中学生很容易发现圆柱的底面相等。

第 2 次制作：增加任务的难度，要求不能描圆柱物体的底面和用纸去围圆柱的侧面，而要测量后用直尺和圆规画出图纸，然后制作圆柱学具，引导学生发现侧面与底面之间的关系，最后让学生思考“要制作一个圆柱，至少需要知道哪些数据”。

第 3 次制作：再增加任务的难度，不提供圆柱物体，给一张长方形纸作为圆柱的侧面，让学生配上底面制作圆柱学具。其中，圆柱的侧面有两种围法，一是沿着长方形纸的长边围，二是沿着长方形纸的宽边围。

第 4 次制作：只有一张长方形纸，让学生设计图纸，充分利用长方形纸的大小，制作圆柱学具。

如果我们把上述“制作圆柱学具”改成“制作笔筒”，就与劳技课中的“制作笔筒”有了关联，我们就可以对数学和劳技两门学科进行“合并同类项”的操作。

反过来，劳技制作中有很多内容都可以用到数学的思想方法，例如：用数学的“整体思想”指导制作劳技作品，能最大化地利用和节约原材料；用数学的“数形结合思想”指导劳技制作，能帮助学生理解制作要点，化解重点和难点，使作品更加精美；用数学的“类比思想”能培养学生在劳技制作中的推理和迁移能力，提高学生劳技制作实践能力。

这么办5

劳技+美术

劳技和美术虽然教学目的不同，但最后都有作品。在劳技课手工制作中，可以融入美术元素，如通过版画、浮雕等多样化的形式进行教学，既能提高学生的审美意识，深化学生对文化内涵的理解，又能引导学生结合自身的生活经验创造出个性化的作品，并提高学生的实践操作的能力。

在劳技“插花艺术”教学中，教师可以将学生分为若干个探究小组，然后将提前准备好的插花作品展示给学生，让小组成员共同探究思考如何插花以及插花的技巧是什么，怎样搭配颜色才能让作品更加美观等，学生带着问题认真听教师的讲解，最后小组成员合作来完成插花作品。这样既能活跃课堂氛围，又能让学生在完成作品的过程中感受到快乐。在作品完成后，教师也要鼓励学生将作品展示出来，学生之间进行评价和指正，从而发挥群体的带动力量，以群体的创造力带动个人创造力的提高。①

反过来，劳技课的手工制作也可以作为美术课的教学延伸，劳技课可以让学生的美术技能更加扎实，同时开阔学生的视野。

① 杨丽丽．小学劳技课教学中美术的融合分析［J］．新智慧，2021（23）：63－64.

怎么办 30

如何发挥学习单功能?

学习单是指教师在课堂教学中，围绕“学生学习”和“经验变化”，对学生学习全过程预设专业化的方案，是教师围绕学习目标指导学生如何关联已学知识、生活经验进行思维或建构知识的学习历程，是课前、课中、课后为学生提供学习适切路径的导学“地图”。学习单是架起教与学的桥梁。那么，教师该如何发挥学习单功能呢?

这么办 1

预学功能

学习单可以用在课前，发挥预学功能。根据不同的学科或不同的教材，有一种“预学单”是以知识习得为主的学习单，指引学生通过回顾旧知联系新知开展预习活动。

针对小学语文《记金华的双龙洞》一课，我设计了以下“预学单”:

(1) 通过查阅资料，初步了解游记的写作方法。

(2) 叶圣陶先生按照游览双龙洞的顺序，把游览经过介绍得清楚明了，请把介绍游览顺序的关键句子圈画出来。

(3) 认真阅读表达游览顺序的语句，填写下面的游览路线图 (见图1)，按序号写出景点名称。

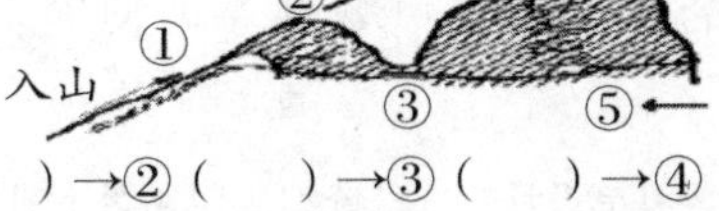

路上→①(　　)→②(　　)→③(　　)→④(　　)→⑤(　　)

图1

游览顺序是本课教学重点，因此，通过圈画表达游览顺序的关键语句，以及填写旅游路线图，帮助学生梳理游览顺序。“预学单”为学生提供了游记的学习方法指导，帮助学生有目标、有步骤地预习课文，让学生逐步掌握了有关游记的相关知识，培养了学生的学习能力。①

还有一种“预学单”是以活动体验为主的学习单，指引学生通过实践、操作、绘画、写作、图解、调查、统计等方式，为新知学习积累活动经验。

针对小学科学四年级“食品包装上的信息”一课，我布置了这样的预学单：“请你和爸爸、妈妈去逛一逛超市，查看各种包装袋上的信息，选取一种食品袋，记录下信息，并思考此信息的作用是什么。”

为了便于从“预学单”中了解学情，教师不妨在“预学单”中设置供师生交流的“围栏”，也就是让学生记录体会或提出问题的空白之处。

这么办2

导学功能

学习单关注的是学生在课堂中的学习参与和投入状态，教师需要设计与学习内容相匹配的有挑战性、诱导性的“导学问题”或“导学问题链”，提升学生的学习热情和学习思维。将学习内容以“导学单”呈现和展开，是知识导入或教师指导的一种有效手段。

八年级体育“排球正面双手垫球”的“导学单”，可从以下三个层面设计导学问题：

一是从学习目标中提炼出导学问题：“用身体哪个部位垫得准、垫得稳”“请你从学过的杠杆原理和垫球面积的大小上，联系生活中的经验来回答上臂垫球的最佳部位是哪里”；

二是从能激发学生兴趣的教学内容中凝练导学问题：“怎样变向和移动才能

① 范昊. 指向助学功能的语文学习单设计——以统编版四年级下册《记金华的双龙洞》教学为例［J］. 新教师，2021（10）：68－69.

在不断变化的排球竞赛场景中成功垫球”；

三是从教学内容的延展和技能的结构化中提出导学问题：“排球运动中的人与球是什么关系”“球找到人、人垫到球的关键是什么”。[①]

一份好的“导学单”，应能够体现三个“导”：一是导趣，二是导思，三是导行，并逐步导引出新知识、新方法、新思想。（参看配套U盘视频：导学单你真的会用吗？[②]）

“导学单”的设计，一般需要一个核心问题的引领，还需要若干个围绕核心问题的、层层推进的小问题。核心问题统领整个教学环节，是整个学习任务的核心，目的主要是帮助学生从整体上把握需要完成的学习任务；若干个小问题的作用是帮助学生降低学习难度，也可以说它们是帮助学生一步步完成核心任务的小任务，在学习过程中可以起到层层推进、逐步深入的作用。

数学“用列举的策略解决问题”一课中，例题是：“王大叔用22根1米长的木条围一个长方形花圃，怎样围面积最大？”如果只给这样一个问题，大部分学生将无从下手，不知道该怎样展开学习活动。此时，可以这样设计“导学单”。

任务1：画一画，画出一个符合题目要求的长方形。

任务2：算一算，算出自己所画长方形的面积。

任务3：想一想，思考“还有没有其他不同的围法？要知道怎样围面积最大，可以怎样做”。

任务4：试一试，尝试用具体的方法解决核心问题“怎样围面积最大”。

学生通过4个小任务的“导学”，已不知不觉形成一条思维链条，教师也可以清晰地了解学生学习过程中达到的思维层次，故而有利于教师帮助每一位学生往更高的思维层次提升，形成更长、更深入的思维链条。[③]

其实，“导学单”的使用可以见机行事，一开始不出示给学生，而是当学生有困难时，才让学生拿出“导学单”导学。

---

① 韩英灵．“学习单”：让体育学习真正发生［J］．体育教学，2022，42（05）：43－46.

② https：//www. ixigua. com/6817317598573625863？fromvsogou = 1&utm_ source = sogou_ duanshipin&utm_ medium = sogou_ referral&utm_ campaign = cooperation. 郑老师聊美术的个人主页——西瓜视频．

③ 朱皓华．研究学习单：让学生成为会思考的学习者［J］．江苏教育研究，2021（32）：45－47.

这么办3

合学功能

在设计学习单时，教师应灵活运用“学习单+”，使之变成“合学单”，与其他学习工具或学习支架“合作”，多管齐下，服务学生的学习，促使学生的学习向更广或更深处挺进。

在名著《西游记》的阅读中，我们发挥“学习单+思维导图”的合学功能，引领整本书阅读：“基于小说发展的线索，请你绘制‘西游路线图’，当一回解说员讲述西天取经的路线图。”

在讲述故事的过程中，教师有创意地让学生展示各级内容之间的隶属关系，对此，学生需要熟知书中的人物形象、故事情节，再结合自己思维导图的设计意图进行交流。①

还有一种“合学单”，是指用学习单引导学生合作学习：首先，课前让学生用教师设计的学习单合作预习，发现有价值或有困难的问题；其次，课中教师现场把各小组的问题显示在屏幕上，生成新的学习单；最后，用学生生成的学习单，组织学生探究、讨论或教师讲解。

小学语文六年级《我的伯父鲁迅先生》，我设计了这样的“合学单”。

（1）你读完文章之后，有哪些不理解的地方？可以先找同学讨论。

（2）文章是由几个小故事构成的，请给每个故事加个小标题。你觉得这几个故事之间有没有内在的关系？

（3）你觉得课文题目《我的伯父鲁迅先生》与下面的题目相比，有什么特点？

A.《鲁迅先生》B.《我的伯父》C.《伯父鲁迅先生》D.《我的伯父鲁迅》②

---

① 袁平霞．“学习单+”，帮助学生找到整本书阅读的“关键支架”［J］．阅读，2022（39）：4-8．有改动．

② 董一飞．功能交融：阅读教学中学习单的设计策略［J］．教学月刊小学版（语文），2022（05）：42-45．

这么办 4

评学功能

传统的学习单缺失评价功能，很容易使教学内容零碎，教师无法衡量学生课堂所学的目标达成度，所以教师还应该使学习单具有评学功能，成为“评学单”，促使教、学、评一致。

在小学语文六年级《西江月·夜行黄沙道中》预习环节的“评学单”上，学生通过打星的方式来完成评价：“我能自主解决生字词的学习。”“我能在已有的知识基础上了解有关词的其他知识。”“我能读通读顺这首词，并初步了解大意。”……

教师由此逆向设计学习任务：“在预习环节哪些字词让你觉得有难度？可以在线上投票。”“你用什么方式来理解这些‘拦路虎’？”课上直接选择得票最高的字词让小老师上台来讲解。这样的“评学单”实现了以学定教。①

这么办 5

延学功能

学习单还能延学功能，即用一个学习单，引导学生将同一主题的多个内容或同一作者的多篇文章融合学习。在此意义上的“延学单”，一开始就让学生看到了知识的全景和学习的全程。

人教版六年级上册第五组课文的四篇课文，同属“走近鲁迅”专题，我们设计如下“延学单”，在两篇精读文章的基础上融合两篇略读文章。

（1）通读课文，为鲁迅设计一张名片，名片上可以有哪些内容？

（2）通读整组课文，鲁迅的哪些事让你感到十分敬佩？摘录感动语句，你发现一个怎样的鲁迅？“我”眼中的伯父是个怎样的人？他人眼中的鲁迅是个怎样的人？

（3）畅游书海，你还了解鲁迅的哪些事情？②

---

① 徐晶晶．变“学习单”为“学评单”，让教、学、评走向纵深［J］．语文教学通讯，2022（Z3）：43－45．有改动．

② http：//www. 360doc. com/content/18/0417/06/28766881_ 746260480. shtml.

怎么办 31

如何寻找直观演示或操作的教具？

在教学中，考虑到学生的体验与理解的便利、思考与探索的动机，教师应尽可能地采取直观演示或直观操作，帮助学生迅速产生感性认识，建立清晰具体的表象。直观演示或直观操作，有时候离不开使用和制作教具或学具。那么，教师该如何寻找直观演示或操作的教具呢？

这么办 1

制作学具

学校都有统一配置的教具，但如果让学生动手自制，教具可以变成学具，学生会感到亲切，并珍惜劳动成果。更重要的是，通过学具的制作和使用，可以将学生的注意力高度地集中到学习之中。在制作学具时，教师还可以引导学生“做”学问，这样学习能使学生印象更深刻。

针对初中七年级地理“世界的地形”一课，我让学生通过自制地理学具，防止混淆平原、高原、山地、丘陵、盆地五种基本地形。

首先，学生利用思维导图等直观图形，做好记录和图案的初稿设计。然后，准备制作材料，一是按照“由地基到高楼”的原则，首先用蓝色超轻黏土铺设海洋；二是用绿色超轻黏土铺设平原；三是用深绿色超轻黏土捏出丘陵地形；四是根据常见的高原、山地、盆地的主色调，选择对应颜色的超轻黏土，如深棕色、黄色、绿色，捏成对应的地形；五是用白色卡纸、剪刀、标签等，制作对应的地形名称及必要的海拔高度基准线，并由学生根据爱好进行简单的修饰。①

① 庄保兵．自制地理教具在初中地理教学中的意义及应用［J］．当代家庭教育，2022（09）：1－3.

低年级学生由于年龄较小，自控力相对较弱，注意力也不够集中或者集中的时间不长，尤其是面对书本中比较抽象的知识时，就更加提不起兴趣。教师也可让低年级学生制作学具，哪怕是半成品，他们也乐此不疲。

在教学“认识算盘”时，课前我要求学生自己在家认识算盘。课一开始我就让他们带着自己的算盘到讲台上介绍。除了介绍算盘，拨算盘也是必不可少的内容，为此我提出：“老师没带教具，我们现场制作一个算盘好吗?”学生当时特别感兴趣，都说：“这怎么做啊?”我拿出粉笔在黑板上画出了框、档、梁，在他们以为我会继续画珠子时，我拿出小磁扣让学生往档上一放，一个算盘就制作完毕。趁着兴奋劲儿，我请学生上台拨一拨。①

这么办 2

摆弄文具

学生文具盒里最常见的是厘米尺、三角尺等文具用品，还有量角器、圆规等，它们的用武之地也就是画线段、测量长度、度量角度或画圆。对此，教师可以“通过对学习资源的积极主动应用”，使这些常见的学习工具在学生的日常学习中发挥更大的助学功能。

小学生都喜欢玩“物”，在刚拿到厘米尺、三角尺、量角器、圆规这些学习工具的那一刻起，好奇心会促使学生玩一玩，或许学生不知道它们的使用场合和使用方法，但在把玩之时，都会猜想、琢磨和尝试一番，用厘米尺或三角尺画线段、用圆规画圆都可能无师自通，而对相对复杂的量角器，虽然从名称上可以猜到它是量角的工具，但要会操作却不是一件容易的事情，好奇心会促使学生主动去翻书一睹为快。

我们在教学中，不应在知识教学之前才匆匆让学生准备相应的学习工具，而是在一周、一月之前甚至在开学之初就让学生购买，让学生尽情玩弄，自己玩出知识、玩出方法、玩出技巧。

---

① 胡琦茹．巧借用具，助力课堂——小学数学低段教学中学具、教具的作用浅析［J］．安徽教育科研，2022（05）：72－73.

如教学“圆的认识”前，我们早早让学生购买圆规，并布置“比一比，看谁会用圆规画圆”的竞技任务，随后升级为“比一比，看谁会用圆规画同样大小的圆”。几周之后，等到正式教学“圆的认识”之时，学生甭说会画一个圆，画几个圆组成的美丽图案都不在话下，原本画圆环节的教学变成了画圆大比拼，之后的知识点教学就围绕“为什么圆规可以画圆”这一问题展开研讨。

这么办3

利用玩具

小学生都喜欢玩物，其中玩具的吸引力要比学具大很多，很多时候，他们会玩得爱不释手，让许多家长和教师担心他们沉迷其中影响学习。对此，只要引导得当，玩具完全有可能变成学具，并且是实现寓教于乐的有效途径，这样的“玩物学知”可以说是“对学习资源的积极主动应用”。

我们用扑克牌作道具表演数学魔术，如教学“奇数和偶数”时表演猜牌魔术：魔术师遮住眼睛，观众一在一副牌中抽16张摆成4行4列，牌面正反不定，观众二将牌面扩充到5行5列，正反仍然不定，观众三随意调换一张纸牌的正反，而魔术师却能找出那张调换的牌。原来观众二的任务是使每一行每一列正面朝上的牌数为奇数。这样无论第三个人怎么翻，魔术师只要观察哪一行哪一列牌面朝上的牌数不是奇数，便能找出调换的那张牌，这便是著名的“奇偶校验法”。

除了像扑克牌、七巧板等室内可玩数学的桌上玩具，室外玩具中也可以玩出数学，例如玩纸飞机可以玩出“轴对称图形”知识，玩滑梯可以玩出“角的度量”知识……（参看配套U盘视频：钟摆效应直观演示，简直太神奇了！这就是科学原理[1]。）

① https：//v. qq. com/x/page/z0668bo61j2. html. 腾讯视频.

这么办4

借助道具

生活中，有着许许多多不同用途的工具。这些工具如果用到教学活动中，就有可能会成为理解知识、巩固知识、应用知识或拓展知识的工具，当然，也有可能会成为学生表达知识或表演知识的道具。

为完成小学科学三年级“测量气温”教学任务，教师在课堂教学中通过实物演示的方法使学生了解气温计的结构、读取气温计数值及测量气温的方法。随即从学生的年龄特征入手，将教室作为气象站，让学生充当气象员，引导学生正确使用气温计观察测量当地一天早、中、晚的气温数据并做好记录。学生连续观测一周，并根据数据将每天的气温绘制成柱状统计图。在观测结束后，组织学生讨论交流，分析当地一天的气温变化规律。

这么办5

开发物具

正如苏州大学朱正元教授提倡的“瓶瓶罐罐当仪器，拼拼凑凑做实验”，在教学中，优秀教师不会忽视身边常见生活物品的利用，哪怕是废物，也有可能变废为宝，成为助力教学有神效的“宝物”。例如我们身边常用的矿泉水瓶就可以用来教学数学容积知识“升和毫升”，还有许多教师用矿泉水瓶自制物理教具。

在八年级物理“流体压强与流速的关系”一课中，教材设计了两个实验：“吹硬币”和“吹纸片”，我决定用一次性注射器研发教具。

不同型号注射器的内径不同，若把不同型号注射器的首尾连接起来，就能构成横截面积逐渐变小的管道，则液体或气体流经横截面积不同的管道时速度就会不同。或者说，管径越粗，流体流速就越小；管径越细，流体流速就越大。用这个教具直观演示，不但材料易得、制作简单、操作方便，而且形象生动，深受学生的欢迎。①

① 刘卫泽，陈宁波，陈慧辉．巧用注射器制作“流体压强与流速的关系”教具［J］．实验教学与仪器，2022，39（01）：56－59．有改动．

有时候，面对学生的学习困惑或思维短路，教师在没有事先准备教具的情况下，就需要急中生智，看一看身边有没有物具可用作为教具“救急”，并进行直观演示。

教学“长方形的面积”课时，教师讲解习题“一辆洒水车，每分钟行驶50米，洒水的宽度是8米。洒水车行驶3分钟，能给多大的地面洒水?”，没料到，不少学生想象不出洒水车留下的“作品”模样。

教师急中生智，把粉笔横放压在黑板上，模拟洒水车行驶，“身”后留下了一个长方形的阴影。学生恍然大悟：原来如此。

怎么办 32

探究材料如何提质增效？

学生视野的开阔、能力的提高、知识的获得都离不开足够探究材料的支持与训练。其中，探究材料应包括物质材料和文字材料。教师应该为学生提供可以看得更多、想得更深、学得更好的探究材料，在为教学添砖加瓦的同时增光添彩。那么，探究材料应如何提质增效呢?

这么办 1

增加不同数量的材料

教学中，教师可以增加不同数量的教学材料，学生在拿到不同数量材料的情况下，只能具体问题具体分析，根据现有材料实施探究活动，最终可能获得不同的解决问题的方法。所以，为了培养学生的创新能力，教师在教材提供材料的基础上应该多思考“有没有其他的教学材料能够让学生通过其他途径获得知识”。

“梯形的面积”一课开始后，在发放探究材料时，有的学生只拿到了一个梯形，有的学生则拿到了两个完全相同的梯形。

课上，教师让学生说说对梯形已经有了哪些了解，之后再让学生利用手中的梯形通过折、剪、拼，看还能发现什么。学生独立操作后，进行交流，有的学生发现“任何梯形都能分成两个三角形”，有的学生发现“任何梯形都可以分成一个三角形和一个平行四边形”，有的学生发现“只要将两个完全一样的梯形拼在一起，就能拼成一个平行四边形”，有的学生发现“将梯形上下对折，沿着折痕剪开也能拼成一个平行四边形”……

教师及时表扬，然后启发学生还想研究梯形的哪些问题。当学生说出“想研究梯形的面积”时，教师又让学生交流推导梯形面积公式的初步设想。最后让学生分组探索，学生在交流时提出了丰富多彩的、富有创意的思路和想法。

这么办2

增加不同质地的材料

当学生面对教材出现情感苍白、思维局限时，教师不妨考虑“在教材的基础上，是否有可能增加其他教学材料来帮助学生更深刻地理解知识和更全面地思考问题”，从而寻找合适的材料来填补教材的空白和丰富学生的认识。

教学“圆的周长”，一位教师让学生准备了 5 角、1 元的硬币和一个圆瓶盖子以及相关的学习材料，如尺子、细绳等。学生分成小组，按教师所提要求，先测量出每个圆的周长和直径，再通过计算，寻找圆周长与直径的关系，最后得出圆周长的计算公式。

另一位教师除为学生提供上述探究材料之外，又向学生提供了一个由软布做成的圆。学生普遍用滚动或绕绳的方法测出前三种硬质材料做的圆的周长，但是软布剪的圆的测量比较费劲，许多学生想到了用折叠法：有的学生先把圆形软布对折一次，用绳线沿弧线量出圆形软布周长的$\frac{1}{2}$，有的学生先把圆形软布对折两次，用绳线沿弧线量出圆形软布周长的$\frac{1}{4}$，再推算出整个周长。教师在教材提供的硬质材料的基础上，添加了一种软质材料，引导学生想出更多的“主意”。

这么办3

增加不同来源的材料

有时候，学生对知识缺乏深切体会的原因在于材料离学生的生活实际太遥远，由此，要让学生顺利走进知识情境，领略其中的思想情趣或感悟其中的思想方法，教师必须进行一定的材料铺垫，运用合理穿插，使学生在知识和情感两个层面上更加贴近知识，获得真正的体验。

一位教师上《圆明园的毁灭》一课时，为了开阔学生视野，激起学生对圆明园的毁灭感到惋惜和愤恨，穿插了文本《雨果致巴特莱德的信》中的两段文字：

①“请您用大理石，用玉石，用青铜，用瓷器建造一个梦。用雪松做它的屋架，给它上上下下缀满宝石，披上绸缎，这儿盖神殿，那儿建后宫，造城楼。里面放上神像，放上异兽，饰以琉璃，饰以珐琅，饰以黄金，施以脂粉。……再添上一座座花园、一方方水池、一眼眼喷泉，加上成群的天鹅、朱鹭和孔雀……总而言之，请假设人类幻想的某种令人眼花缭乱的洞府，其外貌是神庙，是宫殿。那就是这座名园。”

②“过去的艺术家、诗人、哲学家都知道圆明园，伏尔泰就谈起过圆明园。人们常说：希腊有巴特农神庙，埃及有金字塔，罗马有斗兽场，巴黎有圣母院，而东方有圆明园。要是说，大家没有看见过它，但大家也梦见过它，这是某种令人惊骇的杰作。在不可名状的晨曦中依稀可见，宛如在欧洲文明的地平线上瞥见的亚洲文明的剪影。”

在体会圆明园的“不可估量的损失”的过程中，教师再次补充了一些片段性文本，具体再现侵略者大肆抢劫、任意毁坏，最后焚烧圆明园的罪恶行径。[①]

学生通过教师增加的拓展性阅读材料，对圆明园的感受逐渐由平面趋于立体，由单薄趋于丰满。

---

① 吴旭青．对语文教材的再度开发［J］．小学教学研究，2007（01）：5－6．

这么办4

增加不同学科的材料

分科教学体制下，各学科知识相对独立，有利于学科知识的系统化、专业化。21世纪以来，全球化、信息化发展迅猛，当代社会面临的突出问题综合性较强，解决这些问题往往需要运用跨学科知识，而单纯强调知识的学科属性，会严重制约学生解决问题的视野和思路。由此，在组织探究材料时，教师不妨多进行跨学科选取，这样有助于学生更全面、更深刻地理解所学知识。

我们开展了综合性的“对称”主题学习活动，给学生分别提供了图形中的对称、剪纸中的对称、服装中的对称、建筑中的对称、植物中的对称、数字中的对称、汉字中的对称、古诗中的对称等多学科、多领域的丰富性探究材料，涉及数学、语文、美术、生物、地理、信息科技等多种内容。最后，我们指导学生运用综合对称手法进行创作活动。

许多学生对数学学科望而生畏，都以为数学是一堆无情的数字与枯燥的演算，当他们看到数学与美术、音乐、体育、文学等其他学科碰撞发生奇妙“化学反应”的时候，他们还会讨厌数学吗?!（参看配套U盘视频：最美数学。）

这么办5

增加不同呈现的材料

当拥有不止一套教学材料备用时，教师就要考虑“用哪一套教学材料能更好地达到教学目标”。无疑，教师应该选用既能够提高教学效率又能够提高教学效益的教学材料来辅助教学。

教学“面积单位”，有一位教师出示了一张长方形纸，先让女生闭上眼睛，男生观察画有（6×3）18个方格的纸的一面，然后让男生闭上眼睛，女生观察画有（4×2）8个方格的纸的另一面。男生和女生在汇报这个长方形的面积时，结果不一样。教师趁机展示长方形纸的两面，学生恍然大悟，随之“统一的面积单位”成为学生一致的要求。

上述案例中的教师利用长方形纸的两面，人为制造了男生与女生看到的“相同的事物不同的结果”的现象，之后产生“两面派”的局面。教师在学生各执一词的争执中魔术般地揭示谜底，使学生明晰问题的症结所在，全体“表决通过”教师提出的“统一形式”。这种让学生在比较短的时间内，在强烈的对比和体悟中爆发出统一的教学目标很高效。

怎么办 33

如何把生成问题转化成教学资源？

课堂教学是人的教学，人是活泼的、开放的、差异的，师生的一个闪念、一个举动、一个误会，都可能增加教学中的非预期因素，这些“即兴创造”的随机事件会不同程度地影响教学进程。如果处理得当，就会弥补或推进教学，“麻烦”不再“麻烦”，反而成为有价值的教学资源。那么，教师该如何把生成问题转化成教学资源呢？

这么办 1

乘机提取，点石成金

有些课堂中的随机事件，尽管是教学中的“不和谐音”，但教师不能责怪，而要别具匠心地过滤其消极影响，提炼其有用的成分并放大，粘贴到知识场，借题发挥，转化为一首美妙的“插曲”。这样，或许恼人的“事故”就能变成动人的“故事”，成就一笔意外的教学资源。

教学“时、分、秒”一课时，上课铃声刚响起，突然，一名学生要小便，引起全班骚动。

“你去吧。”教师说完，有了好主意，“同学们，请你们看着墙上的钟表算一算，他一共用了多长时间?”

这位学生回来后，学生纷纷汇报他所用的时间，答案不统一。教师乘机问道：“你们是怎样看时间的呢？你们想交流吗?”在学生交流中教师教学新知……

有时候，课堂出现的学生随机事件的处理，需要教师正确进行价值观引导，点石成金。当学生出现异向表达时，教师首先要正确理解和把握教材内容中所体现的价值取向，引导学生明辨美与丑。

学习《狐假虎威》时，我让学生说一说：“这是一只怎样的狐狸?”学生们畅所欲言，有的学生说：“这是一只‘狡猾’的狐狸，因为它借着老虎的威风把森林里的小动物都吓跑了。”而有一个学生却举手说：“这是一只‘聪明’的狐狸，以后森林里的动物们都会害怕它，没有人敢伤害它了。”

狐狸是“狡猾”还是“聪明”？由教师来给狐狸的行为下定论不如让学生自己去思考。于是，我让学生针对上述两种观点展开辩论，分别说说自己的理由。

辩论的结果是，学生认识到这只狐狸是“狡猾”的，因为它本身没有势力，是依仗老虎的势力去吓唬别人，自己得到了好处。它不光欺骗了老虎，也欺骗了其他动物，这种行为是不道德的行为。①

学完故事后提出的问题具有一定的开放性，与此同时，由于自身知识储备及生活经验不足，学生很难得出正确的结果，也很容易对某一事物形成刻板印象。针对这一问题，教师需要有针对性地为学生普及背景知识，培养学生健康良好的思维方式。

---

① 赵涵．异向表达——儿童视角下的课堂生成分析［J］．小学教学研究，2022（09）：32－33.

这么办2

乘机迎取，顺水推舟

课堂中的随机事件，有的虽然出乎预设思路，但合乎情理，合乎教学流程，教师就可以乘机顺势而下，用学生所想所做组织下一环节的教学。学生既然自发地吹来了“东风”，教师就应迎“风”而上。“长风破浪会有时”，此“时”就是学生的一些随机事件形成的教学资源。

初中化学课堂中超出预设的“意外”有很多，例如盐酸溶液与大理石反应生成的二氧化碳通入紫色石蕊试液，试液变红，但是加热变红的试液时，没有变回紫色；铁与硫酸铜溶液反应时居然看到有气泡产生；铝片与稀硫酸反应时，一开始居然看不到气泡……

这些“意外”都可以生成为新的富有生命力的教学资源，进而触发更深层次的探究活动。但是需要教师训练学生通过自主实验和观察，敏锐捕捉到意外现象并大胆提出疑问。学生生成后，教师则应及时抓住契机，调整、优化教学方案，更好地促进学生认知发展。①

这么办3

乘机进取，扬帆远航

在学生每一个离奇或古怪的课堂提问或答案后面，都包含着许多宝贵的东西：对未知事物的强烈兴趣、创造性的思维、积极的表达欲望和与众不同的独立精神等，所有这些都是学校教育最期望教给学生的东西，是教师传统教育方式中最缺乏的内容。虽然这些行为可能违反课堂纪律，有些显得无礼和粗鲁，但教师都应珍惜它。因此，不管教师以何种方式应对随机事件，基本的立足点首先是珍惜和保护学生表现出来的兴趣、态度、精神和创造力，进而去扶持、培养，使之茁壮成长。

---

① 吴燕．发挥教育机智 灵活应对课堂生成［J］．新教育，2022（14）：64－65.

有位教师在学生学完《猴子下山》后问："小猴子的故事说明了什么呢?"一个学生率先举手答道："说明我们应该向猴子学习。"老师一下愣住了。

"老师您一向教我们要有远大理想，要不断追求更高的目标，我觉得猴子正符合这一点，所以我们应该向猴子学习。"教师还没反应过来，第二个学生又站起来："我同意他的意见。我还要补充一点，猴子只是方法不对，其实几种东西是可以兼顾的。左手拿玉米，右手拿桃子，西瓜在地上滚，一路踢着就上山了。所以，这个故事告诉我们，做事要开动脑筋。"说到这里，恐怕没有哪个教师能立刻做出令人满意的评价，但我们都可以看到这两个学生在回答中所闪现出的创造性的火花。①

其实教师怎么评价这两个答案并不重要，重要的是，保护好这点火花，并让它燃烧得更亮。教师要珍惜学生在课堂上的这些"离奇"的学习表现，因为它们说明，在你的课上，学生已经学到了一些真正有价值的东西，而且你手中又握有了一个使这些东西发扬光大的新的机会。（参看配套U盘视频：课堂教学中应捕捉哪些生成?②）

这么办4

乘机转取，见风转舵

课中有些随机事件，会打乱教师的设想，打乱教学的程序，对此教师不应选择回避，而应选择适应，因为"强扭的瓜不甜"。教师可趁机调整转向，重新设计和组织学生进行教学活动。不管是"横生枝节"，还是"倒行逆施"，只要教师审时度势、随机应变，其就可成为用好教学"活"资源的良好"转机"。

教学"循环小数"课中，教师出示例题，让学生计算，然后揭示循环小数的意义。突然，一名学生质问："老师，我们学循环小数有什么用啊？我觉得，没意思。"多数学生附和。

教师解释道："小数的这种循环现象，没意思吗？在我们生活中，类似的现

① 何立新．"课堂随机事件"的应变态度与技巧［J］．小学教学参考，2003（06）：6－8.

② https：//www. ixigua. com/6900892385815986688？wid_ try＝1. 李曼说教育的个人主页——西瓜视频．

象很多呀。”受此启发，学生纷纷举例：春夏秋冬、日出日落、周一至周日、音乐节奏……

没想到这位学生继续辩解说：“但我觉得循环小数太繁琐。”

教师乘机顺着他的话说道：“对啊。正因为它繁琐，所以我们要学习它的简便写法以及循环节的判断方法等新技巧。你想学吗?”

学生异口同声回答：“想!”

…………

这么办5

乘机借取，移花接木

教学中，随机事件何其多，相应的教学资源何其多。在奇思妙想，甚至胡思乱想中；在顺水推舟，甚至逆水行舟中；在锦上添花，甚至画蛇添足中……只要蕴含着闪光点、生长点、转折点、连接点，哪怕微乎其微，教师都可挖掘、开发、引申、利用，见机行事，优化教学。其中，发生的一些随机事件，看似与教学无关，但在一些充满教育智慧的教师眼里，或许就能借取变成最好的教学资源，上出让人叫好的课来。

《孔乙己》是一篇经典老课文，被多少名家捣鼓过了，要找一个新角度委实不易。借班教师让学生送了他生日贺卡，他灵光一闪，脑洞大开，借此以“你们记住了我的生日，你们能记住孔乙己的生日吗”发问，步步催问：“你们最能记住他什么？文章中其他人对孔乙己最能记住的又是什么呢？这些人真的记住孔乙己了吗?”以三“记”构造了课堂结构，行云流水，水到渠成。

怎么办 34

如何对待学生学习中的错误？

教师的重要责任是教育和帮助学生不断克服缺点，及时改正错误。任何一个学生都有失误和出错的可能，学习中的不断进步，就是不断战胜错误的结果。教师几乎每时每刻都少不了与学生的错误打交道，学生的错误也是一种教学的资源。那么，教师该如何对待学生学习中的错误呢？

这么办 1

防错

在知识教学过程中，教师需要对其中常见的错误进行提前预判和干预，未雨绸缪，防患于未然，事先聚焦学习过程中的易错点，齐心协力，多管齐下，帮助学生减少错误的发生。

有经验的数学教师都知道，运算律学习中乘法分配律学生最容易出错。对此，我们在教学设计的时候就可以提前进行干预。

一是强化乘法分配律的内在意义，让学生有联系地记忆。例如教师可以采用数形结合的方式，帮助学生形象化理解乘法分配律。

二是强化乘法分配律的外在特征，让学生有联想地记忆。例如有一位教师采用比喻的方式帮助学生记忆“$a\times(b+c)=a\times b+a\times c$”的形式：$a$ 喜欢交朋友，先与 b 乘一乘，再与 c 乘一乘，最后一起手拉手。我们还可以抓住乘法分配律中的“分配”两字，帮助学生记忆和运用：先把“$b+c$”分成两部分，然后把 b 和 c 分配给 a 相乘，最后合起来。最后，教师应把乘法分配律与乘法结合律多进行比较，防止混淆。

这么办2

容错

出错是学生的权利，错误是学习的必然产物，黑格尔说：“错误本身乃是达到真理的一个必然环节。”面对学生的错误，不论是思想上的错误还是知识上的错误，教师都不能“先发制人”，首先做到不发火，然后注意不同的发力方式，做到不同性质的错误不同对待、不同时期的错误不同对待、不同对象的错误不同对待，给学生自觉自悟的机会。

教学中，受制于知识的局限性，学生在一定阶段的认识可能不全面，甚至会错误地理解知识。例如在学习“小数乘法”时，教材首先教学的是“小数乘整数”，受小数加减法数位对齐的影响，有些学生会错误地认为小数乘法也是数位对齐，此时，如果仅仅靠教师的强行制止，学生的这种误解未必就能扭转过来，因为“小数乘整数”的特殊性，不足以反映内在的算理，其计算竖式形似“小数加减法”。此时，教师不妨暂且容忍学生的这种错误思想，等到教学“小数乘小数”时，其计算方法对学生就有了足够大的冲击力，迫使学生纠正原有的错误认识，此时水到渠成，也为时不晚。

这么办3

露错

文学家歌德说：“错误与真理的关系，就像睡梦同清醒的关系一样。一个人从错误中醒来，就会以新的力量走向真理。”学生学习出错是学情的真实体现，也是最有价值的课堂生成。学生犯错误能提升教师对课堂的掌控力，也给了教师名正言顺教学的机会，如果把这些错误转化为资源，就能成为学生学习的阶梯，由此展开的教学也能更加贴近学生的思维能力和情感认知，具有较强的针对性。所以，课堂中出现错误并不可怕，真正可怕的是教师恨错误、躲错误，学生怕错误、瞒错误。

在学习“小数的除法”时，在练习 0.35÷2.5 这道题时，通过观察、统计，学生在计算时所用的方法主要有三种：第一种是 3.5 ÷ 25 = 0.14，这是应用较多的一种；第二种是 35 ÷ 250 = 0.14，应用人数接近三分之一；第三种是 35 ÷ 25 = 1.4，近四分之一的学生出现了这样的算法。

很多学生很快就发现了第三种算法的错误，这时教师顺势引导，让学生讨论出现问题的原因，学生很快就发现是因为对小数点变化的规律理解不到位。教师在学生认知的基础上再引导学生回归教材，着重讲授这一知识点，让学生全面总结关于小数除法的运算注意事项，从而使学生真正理解和掌握这部分学习内容，学生的主体地位也得到了有效发挥。①

这么办4

集错

当然，学生要矫正各种错误，并不是轻而易举的事情。教师必须尊重遗忘规律，充分利用错误资源，采用科学的矫正方法指导学生做好自我矫正。学生必须经历“整理错题—分析错因—补偿矫正—形成方法—变式应用—反复纠错”的过程，学习中的任何一处错误都不可能只靠一两次订正就能纠正，也不可能一劳永逸。对此，教师可以指导学生使用错题本收集自己甚至别人的错误，然后进行归因分析和归类分析，最终实现“错题越来越少、错题本越来越薄”的喜人结局。美国心理学家利伯特说：“在历史上，两种解决问题的研究已经得到公认，尝试错误和顿悟。”

开展“错题本”式英语专题教学活动，能够让每个初中生都敢于直面错误，并逐步学会如何去改正错误，这样才能让“错题本”发挥出最大的作用。同时教师应当根据每个学生的英语错误，把学生的错误进行归纳总结，以合作小组式英语错题讨论教学为基础，让每个学生彼此之间充分交流学习心得、经验，以切实理解相应的英语知识点。②

平时或考试前建议学生交换错题本进行复习，因为每个学生的错题不同，整理的思路也不同，可谓错题繁多，思路更多，交换错题本，省时省力，借鉴互

① 王俊霞，蒲水忠．有效运用“错误资源”促进学生深度学习的策略探析［J］．学周刊，2022（13）：184－186.

② 钟洁连．让“错题本”成为初中学生学习英语的助力神器［J］．新课程，2021（33）：199.

补。在“错”中淘“金”，用别人的错误警示自己不犯同样的错误，用别人的奇思妙招让自己也变得更聪明。

当然，教师也可以建立错题本，收集学生的错误，实现精准教学。其中，教师可以根据前一届学生的错题本中出现的错题倾向，制定教学方案，在课堂教学中进行预防性的提前干预，让后一届的学生少走弯路，在一定程度上提高教学的效率。(参看配套U盘视频：“错题本”超详细制作过程①)

这么办5

用错

英国一位心理学家说过：“错误人皆有之，作为教师不利用是不可原谅的。”教学是一个动态的、变化发展的过程，学生随时可能发生各种预想不到的错误，可能是知识错误，也可能是认识错误，可能是思路错误，也可能是思想错误，不管何种错误，教师都应能够慧眼识珠、妙手回春，把学生的错误变成教学的“宝贵财富”，借“错”发挥。有时候，正确地、巧妙地利用学生的错误，可以让课堂因此而精彩，让“错误”因此而美丽。

在科学“有趣的磁铁”一课的教学中，在讲解了磁铁同极相斥、异极相吸的知识后，我则拿出一根没有标明磁极的磁铁，让一位同学前来根据所学的知识进行实验判断。

可是，这位同学在急于进行实验的心急状况下却没有拿住磁铁，磁铁掉落在地，而恰从红蓝之间断开。这时，好多同学便说：“这下没法验证了。”

面对此，我笑了笑，手拿断掉的磁铁一声不发地将未标明磁极的断裂的红色部分一端，与一根完整的且标有磁极磁铁的南极靠近，事实为可以吸在一起；又与北极相近却不能相吸，这便证明这一端是北极。在做完此实验后，我会心一笑，同学们则同时发出了“哦——”的慨叹声。②

---

① https：//haokan. baidu. com/v？ pd = wisenatural&vid = 10749069773705434 63. 陪读的方爸——好看视频.

② 郭娟. 小学科学教学对学生错误认知资源的有效利用［J］. 华夏教师，2019（27）：24.

专题五 教学调控

调控，意为调节、控制。教学调控，即教师为实现课堂教学目标，对学生行为和自身行为进行有意识的引导、约束和调节。常用的教学调控有教师的指导、教学的铺垫、知识的分解、学习的激励、思想的火花点燃等手段。

怎么办35

如何发挥教师的指导作用？

在课堂教学中，教师是学生学习活动的组织者、合作者、引导者和鼓励者，教师要担当好这样的重任，就必须在学生学习热情不强、思路不顺、资料不够、能力不足、层次不高的时候伸出援手、给予支持、进行指导。那么，如何发挥教师的指导作用呢？

这么办1

提醒

课堂学习是学生成长过程中接受知识与思想的重要途径之一，但是由于年龄和思维发展的限制，学生在课堂上的注意力并不会那么集中，因此有时候需要教师随时提醒注意听讲，避免遗漏重要知识和关键内容。另外，学生良好的听课习惯需要教师采用相关教学方法，给予学生恰当的引导。

不过，当学生活动太投入的时候，就必然出现太过放松、注意力走偏的情况，此时同样需要教师及时提醒。

每节心理课开始，我都会把“心理课约定”放在幻灯片的第一页，提醒学生及时调整心态，努力做到“认真倾听、积极表达、尊重不同、包容接纳”，目的是为课堂活动的顺利进行营造良好的心理氛围。

但随着活动环节的推进，课上会不定期地出现新的“刺激”，使一些学生忘了初始的约定。这时候，我会及时按下“暂停键”，和学生一起觉察、调整。

在一节八年级主题为“正确面对他人评价”的心理课上，在案例分析环节，一位男生主动举手分享自己的想法：“其实，我也有和案例中男生一样的经历，因为皮肤黑，被某同学起外号为‘黑鬼’。虽然不喜欢这个评价，但是我不会因为自己黑就去抹一些增白面霜，我选择不予理会。”

在他分享时，我留意到一些学生按捺不住，在下面窃窃私语；有的左摇右晃着脑袋打听是谁起的外号，还有的直接笑出了声。一时间，那位男生的分享被淹没了。

时机已到，我果断按下“暂停键”。

“听到我讲话的同学请击掌两下。”稀稀拉拉的击掌声吸引了一小部分学生的注意。

“听到我讲话的同学请击掌三下。”越来越多的学生开始被击掌声吸引，我继续发出指令，直到所有学生都静下来。

“刚才发生了什么？”

聊天的学生沉默不语，似乎认识到了不妥。

“没有倾听。”

“没有尊重别人的发言，也没有尊重别人的人格。”

“刚才的话题让一部分同学产生了好奇，有很多话要说。但我们要意识到这是上课的场景，想想我们的约定——认真倾听、积极表达、尊重不同、包容接纳。”我强调。

当有学生违反课堂约定时按下“暂停键”，可以促使良好课堂秩序的形成；对于那些经常插话、缺乏自我控制能力的学生来说，也不失为一种有效的外部监督。①

这么办2

提示

在课堂教学中，当主旨不突出，或者线索不清晰，或者结构不明显，或者知识不简单，学生无从下手的时候，教师可以设计一些提示性问题，让学生通过思考问题来梳理文章的脉络或攻克知识的难点，然后引导学生回答问题。教师还可以设计一些提示性要点，帮助学生找到打开知识大门的钥匙。

① 孔翠．及时按下“暂停键”，提升课堂“心理味”［J］．中小学心理健康教育，2022（18）：37－38.

以 An unusual experience 为例，教师结合材料内容设计如下几个问题，为学生复述文章打好基础，做好引领：

(1) What happened when Ted was walking down the street?

(2) Who got out and walked down Center street?

(3) Before the police arrived, what did the alien do?

(4) How did Ted feel?

以上问题有助于学生更好地把握事件的关键信息，能够提升学生提炼关键信息的能力。学生按照顺序回答这些问题后，就能够对文章主要内容有全面的了解，进而完整地将材料复述出来。

在作业的设计上，不能只有题目，教师还要给学生一些作业提示，如作业导语、重点提醒、难点提示、方法小贴士等，让学生在做作业的时候如果有需要可以看教师的指导。另外，在“双减”政策下，学生作业更离不开教师的指导。(参看配套 U 盘视频：寒假来临假期跟踪指导“指航”学生假期生活①。)

这么办 3

提供

在课堂教学中，学生的学习材料有多个渠道的来源，有的是教材中呈现的，有的是教师结合自己对教学目标的理解来设置的，其中最重要的应是教师根据学生的实际学习情况提供的。在学习过程中，如果学生思维卡壳、学习受阻，教师就可以及时提供材料、提供工具或提供思路帮助学生。

“求小数的近似数”中安排有这样一个学习材料：“地球和太阳之间的距离是 1.496 亿千米”，然后让学生将这个小数分别精确到十分位和百分位。

学生用四舍五入法得到两个近似数，一个是 1.5 亿千米，一个是 1.50 亿千米，随后教材中给出了这样一个结论：保留两位小数要比保留一位小数更精确。但是在利用这个材料进行教学的时候，学生对此难以理解，他们认为 1.5 和 1.50 的大小是相同的，1.496 在保留一位小数和保留两位小数的时候得到的数大小相

① https://haokan.baidu.com/v?pd=wisenatural&vid=5883502739058984166. 成武融媒——好看视频.

等，为什么保留两位小数时精确程度更高呢？

针对学生的困惑，我在教学时提供了其他材料，用老师的身高来代替：经过电子身高仪测量，老师的身高为1.575厘米，那么保留一位小数时，老师的身高大概是多少，保留两位小数呢？比较这两个近似数，你有什么发现？在这个材料中，学生很快找到两个近似数分别是1.6米和1.58米。在比较这两个近似数的时候，学生很容易发现保留两位小数的时候所得结果与原来的数更接近，由此让学生体验到"保留的位数越多，结果越精确"的结论就顺畅了很多。①

这么办4

提携

在学习过程中，如果学生表现优秀，教师应该及时加以表扬，使学生的学习热情更上一层楼；如果学生有好的想法和做法，教师应该及时加以宣扬，使学生的学习成果更上一层楼。

在教学《沙滩上的童话》这一课时，为了让学生能顺利学习语文知识，教师可采用角色扮演的教学方式。部分学生的性格较为内向，害怕在表演的过程中受到他人的嘲笑。要保证所有的学生都能参与到角色扮演中，教师就可先鼓励学生讲讲自己喜欢的童话，并给予学生适当的激励："你讲的故事太精彩了，真厉害啊。"教师还可带领学生回忆与朋友一起玩耍的画面，激发学生的参与热情。当课堂氛围活跃后，教师要鼓励所有的学生参与到角色扮演中，灵活运用鼓励、有趣的语言引导学生。即使在学生出现问题后，教师也切勿直接责怪学生，而是要委婉地提出恰当的建议，给予学生正确的引导。②

① 杨欢欢．提供适切的学习材料，推动有效学习［J］．数学教学通讯，2017（19）：77－78.

② 徐丰．用激励性语言，拨动学生语文学习的"心弦"［J］．语文教学与研究，2022（04）：145－147.

这么办5

提炼

对学生的探究结果或学习成果，有时候教师提炼一下，或许就能起到画龙点睛的指导效果，让学生看到深处的规律；对学生的探究失误或失败，有时候教师提炼一下，或许就能起到点石成金的指导效果，让学生看到远处的风景。

在“分数的初步认识”课中，有一个“折出一张长方形纸的$\frac{1}{2}$”探究活动，结果学生只有以下几种折法。

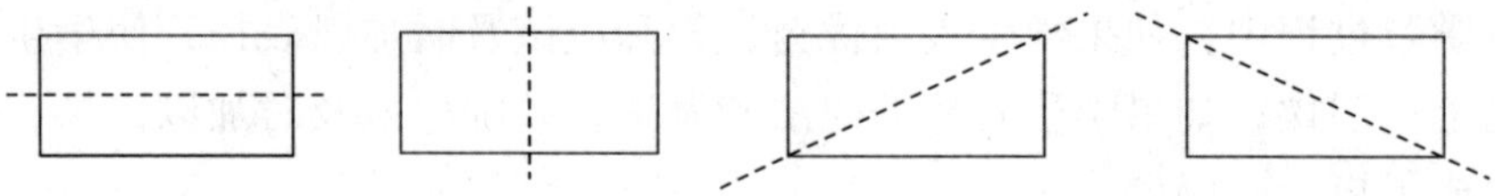

经过教师的指导，学生突破思维的围墙，又有了以下一些折法。

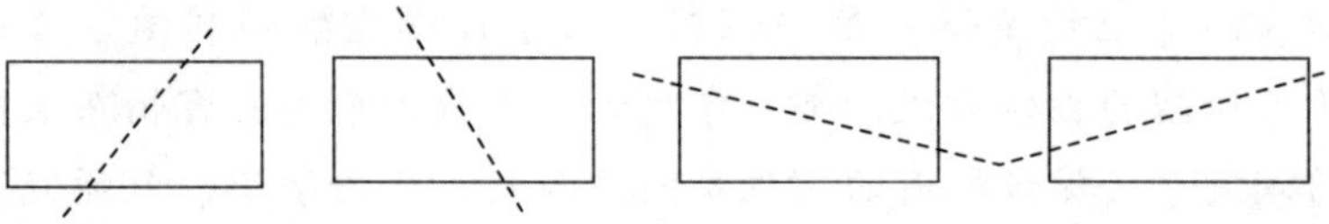

教师继续指导，把上述作品进行如下排序。

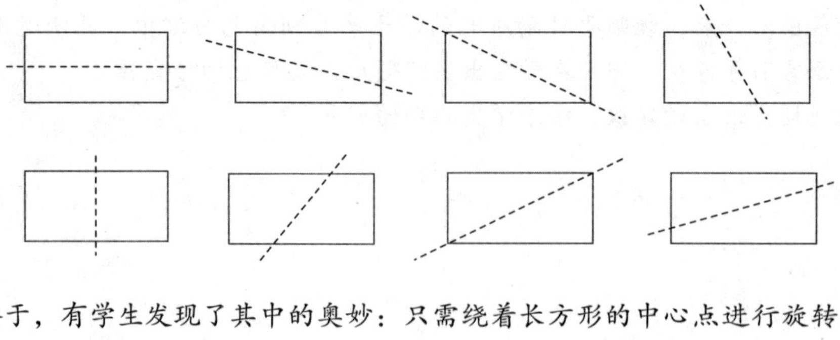

终于，有学生发现了其中的奥妙：只需绕着长方形的中心点进行旋转来确定分割线，所以折法不止这几种。

最后，教师进一步进行指导：“是不是只有长方形可以这样探究？”学生发现平行四边形、圆形等图形同样如此。在教师多次对知识的提炼和指导下，学生的学习层次得到不断提升。

怎么办 36

课堂教学如何铺垫？

在课堂教学中，铺垫除了基于旧知认知、基于经验认知、基于方法渗透、基于情感渲染等形式，还贯穿于教学的整个过程，前一个认知活动都是后一个认知活动的基础和准备，后一个认知活动都是前一个认知活动的发展与再建构，因此，从整体意义上讲，每一个认知活动的完成都是为下一认知活动的开始所做的铺垫。那么，课堂教学该如何铺垫呢？

这么办 1

情感铺垫

在课堂上，当学生对教材的文本或教学知识的探索欲望变得不再强烈，读完或听完一两遍就觉得索然无味的时候，如果教师要逼着学生朗读或听讲，学生就会痛苦并抵触，最终厌倦甚至厌恶学习。所以，在同一个知识学生要听第四遍或同一篇课文学生要读第四遍的时候，教师就应该考虑是否要换一种方式，或者考虑是否要事先给予情感铺垫。有一句话叫“重要的话说三遍”，或许还有这样的意思：超过三遍后可能反而会让人视为不重要，这也就是“超限效应”。

教学小学英语 Chinese New Year 时，课前教师先和学生谈论幸运数字、兴趣爱好，并画了一幅老鼠的简笔画，自然引出“I was born in the year of the Rat. How about you?”并让学生用“I was born in the year of the…”交流。这样，在增进师生了解的同时，为本课的拓展阅读 The New Year Race 中的十二生肖的故事讲解做好铺垫。

接着，教师播放了外国学生眼中的中国新年的视频。视频中，外国学生对中国的新年了解甚少，还闹了不少笑话。学生被视频中的情节逗乐了。学生学习兴趣调动起来后，教师顺势提问：“You see，the American students do not know our Chinese New Year well，so can you introduce it to them?”铺垫到位了，情感到位了，自然水到渠成。学生对传播中华优秀传统文化有强烈的使命感，都乐意说一说、讲一讲、读一读，为的是让更多外国人了解中国新年。①

教学中，会说话的有智慧的教师对学生的情感铺垫大多不露痕迹，甚至在聊天中潜移默化地既铺垫了感情又铺垫了知识。（参看配套U盘视频：会说话口才好的人常用的重要说话技巧“铺垫”法②。）

这么办2

知识铺垫

有人认为有一种知识叫“锚桩知识”，把学生的知识接受过程比作即将靠岸的船，知识传授的指向性就是绳索，而能使方向不发生偏差，或者说能最短距离到达目的地的决定因素恰恰是“锚桩”。教师如果能事先给学生以“锚桩知识”的铺垫，那知识的传授将会驾轻就熟，一气呵成。也就是在教学某些知识之前，教师先要给学生一些预备知识。

在数学“年月日”一课中，“年”“月”“日”这三个名词的解释在数学课堂中很少研究，学生初次了解是在科学课上。但只有了解了“年月日”与日月星辰的关系，才能为接下来探究一年的天数和一个月的天数做铺垫，学生认识到：年，原来与地球绕太阳公转时间有关；月，与月球绕地球转动时间有关；日，与地球自转有关。学科整合，激发学生探究兴趣。天文知识的引入，发展和培养学生善于用科学的眼光观察身边事物，数学课不只传递数学的理性思维，也可以传递科学探究精神。

---

① 周翌晨．变式朗读：给小学英语课堂注入新鲜“活力”[J]．英语教师，2022，22（09）：89－91.

② https：//haokan. baidu. com/v？pd = wisenatural&vid = 6474854848813909508. 口才学习班——好看视频．

这么办3

方法铺垫

达尔文说："最有价值的知识是关于方法的知识。"教学中，有很多知识的研究方法具有共通之处，特别是起始课的知识，往往属于"种子知识"，不仅可以为后继知识提供生长方向和生长方法，而且可以为后继知识提供思路启示和思想启迪。同样，这样的起始课就是一节"种子课"，为后继知识的自然生成和学生的自主学习做好方法铺垫。

在一连串乘法口诀的单元教学中，教材第一课"2 的乘法口诀"无疑是一节"种子课"，其知识结构与教学结构都能够成为后续"3～9 的乘法口诀"的模板，学生只需依计而行。后续的每一节课，教师不妨为学生提供不断"长大"的乘法口诀表（见图 1），让学生循着知识的脉络、踩着知识的台阶，自己设计学习路线和寻找探究材料。

一二得二	二二得四				
一三得三	二三得六	三三得九			
一四得四	二四得八	三四十二	四四十六		
一五得五	二五一十	三五十五	四五二十	五五二十五	
……	……	……	……	……	……

图 1

如果把乘法口诀表倒过来，更能让学生形象地感受到整个乘法口诀表是由"2 的乘法口诀"这颗种子长出的一棵枝繁叶茂的大树，当然，"2 的乘法口诀"也可以看成这棵"知识树"的根基和铺垫。

这么办4

活动铺垫

学习铺垫的前提是教师要准确把脉学生的知识基础、经验和思维水平，量准学生探究与原有知识的“潜在距离”，可以通过课前测试、学生访谈、专项调查等途径来探测。对一些离学生比较远的知识，教师可以通过事先开展活动让学生充分体验感受，做好铺垫。

酒精灯是化学实验中常用仪器，但学生在生活中不常用到。我们不妨从学生熟悉的蜡烛开始实验，以缩短与酒精灯的“潜在距离”。

实验1：探究蜡烛的火焰层次。当火柴（或牙签）横穿蜡烛三层火焰并做短暂停留后取出观察现象。

实验2：蜡烛熄灭实验。茶杯扣在燃着的蜡烛上，蜡烛火焰慢慢熄灭。

实验3：高低不同的两支蜡烛的熄灭实验。茶杯扣在燃着的一高一低的两支蜡烛上，高的先熄灭，矮的还要挣扎一会儿才熄灭。

实验4：蜡烛在空气中燃烧的现象。晃动点燃的蜡烛，会产生一缕黑烟。用茶杯罩着蜡烛，等蜡烛熄灭后提起茶杯，可看到缕缕白雾。

实验5：炭的吸附性。在教室先喷些花露水，在不同地点点燃几支蜡烛，香味迅速消失。

实验6：蜡烛吹灭的瞬间。蜡烛燃烧时产生的烟是黑色的，蜡烛吹灭时产生的烟是白色的。

实验7：蜡烛吹灭时产生的白烟能否燃烧。对着产生的白烟进行点燃，火柴并没接触烛心，蜡烛却燃烧起来了。等白烟散尽还在同一位置点火柴，蜡烛无动于衷。白烟是引燃蜡烛的“功臣”。

实验8：白烟中什么成分在燃烧。回归书本，完成“子母焰”实验，并用湿抹布包住短玻璃管，会清晰看到，玻璃管上有白色固体产生，另一端火焰熄灭。

正式学习前，这些实验胜过千言万语，丰富的活动给了学生知识和情感上的铺垫。①

---

① 贾红霞．初中化学学习，为孩子铺垫好预备知识［J］．基础教育论坛，2014（04）：56－57.

这么办 5

思想铺垫

处于上位的思想方法大多抽象深刻，在让学生领悟新的思想方法时，教师有必要通过合适的方式进行铺垫，使之变得通俗易懂，让学生知道为什么要学习新的思想方法以及新的思想方法有什么用。当思想方法显得“平易近人”的时候，学生才会在思想上认同和接受。

在教学数学换元法时，我从“曹冲称象”的故事入手，让学生认识“曹冲称象”故事的实质：将石头和大象互换能化难为易。此时，学生已感受到换元法的直观背景，也明白了为什么要学习换元法、换元法有什么作用等基本问题，从而使学生感受到学习新知识的意义。

想要课堂有品位，教师就必须高瞻远瞩，提升课堂品质，让课不仅具有教学意义，而且具有教育意义，甚至具有哲学意义，让学生既能获得知识上的启发，又能获得生活上的启示，还能获得思想上的启迪。

我抓住“变与不变”的哲学思想，设计“交换律”一课的教学思路：先从生活中的“变与不变”现象，过渡到数学中的“变与不变”规律，最后引申到人生中的“变与不变”思想。从“变与不变”的生活意义，到“变与不变”的知识意义，到“变与不变”的哲学意义，整个教学过程埋伏了“变与不变”这一条充满辩证意味的思想暗线。以后学生走出校门，“变与不变”思想一定会留在骨子里，并会用其方法继续研究数学问题。

怎么办 37

教学环节如何自然过渡？

在日常教学中，一堂课若是缺少过渡环节，各环节之间往往缺少联系，会给课堂带来一种生硬零散的感觉，不利于帮助学生构建连贯完整的知识框架。此外，过渡环节除了可以帮助教师“润滑”课堂，使教学环环相扣外，还可以推动教学层层递进、层层深入，将教学情绪推向高潮，有效掌控课堂节奏。那么，课堂教学环节该如何自然过渡呢？

这么办 1

悬念提问式

教学中，提问是进行教学过渡的重要方法，教师应该设计具有悬念的提问。悬念的设置应该以教学目标为出发点，紧扣教学内容。教师不应将问题的答案或者下一个知识点直接告知学生，而应设置一个“悬而未答”的教学环境，让学生在悬念的刺激下，因“悬”而“念”（念念不忘要学习），从而实现教与学之间的自然过渡，进而实现思维层次的升级过渡。建构主义学习理论指出：课堂教学中悬念的设置，能够促使学生从一个思维层面上升到另一个高层次的思维层面，进而激发学生主动地建构自己的知识系统。

在教学关于“钠”的化学知识之前，可以通过一个名为“滴水生火”的实验（钠与水的反应）设置悬念——水通常是灭火的，为何在这个实验中水却能够生火？让学生带着这样一个疑问，分小组讨论以下几个问题。

1. 钠平时为什么要保存在煤油或者液状石蜡中？

2. 钠在自然界中通常是以什么形式存在的？

3. 在“滴水生火”的实验中，为什么不能直接用手拿钠？

4. 钠与水发生了怎样的反应，有什么特点？

5. “滴水生火”的具体原因是什么？

在这个教学过程中，教师通过一系列环环相扣的问题，不断打开学生的思维，引导学生探究“钠”的各种性质，在答疑解惑中实现教学的自然过渡。①

这么办2

一点突破式

叶圣陶说：“一点突破式过渡，是指讲解课文时寻找一个足以牵动全篇的‘突破点’，引导学生由此进入文章，以求得小学阅读课堂教学的‘多快好省’。”所谓“点”，即一篇课文最敏感、最关键的部位，它可以是一个词、一个句子、一个过渡段等，如同象棋对垒中的关键一步，走好这一步就能活全局；所谓“突破”，即以这个点为突破口切入，然后逐步延伸、扩展，突破教学重点。这种从“点”上突破，以此带动对全篇课文理解的讲读方法，就是一点突破教学法。一点突破的作用如同“牵一发而动全身”，可以实现教学的自然过渡。

以旧拓新是教学过渡最普遍的方法之一。在文言文阅读中，以旧拓新尤为重要。在引入新的文言篇目时，教师用相关文章背景、情感和思想对另一篇相近或同类的文章加以解释。如在带领学生学习《孟子》选段《齐桓晋文之事》时，教师可将其与《论语》归类引入：“上节课我们学习了《论语》选段《子路、曾皙、冉有、公西华侍坐》这篇文章，通过学习，我们对孔子的背景、生平和他的思想有了一定的了解，而今天我们要学习的这篇文章的作者与孔子并称‘孔孟’，请各位在阅读中寻找两篇文章思想的共通之处。”这里，教师抓住“孔孟”这一点突破达成教学过渡。②

文眼是最能揭示主旨、升华意境、涵盖内容的关键性词句，往往能够奠定文章的感情基调，确定文章的中心。教学中，教师可以以文眼为一点突破，过渡衔

① 黄英龙，廖运飞．例谈高中化学教学中过渡法的运用［J］．中学教学参考，2020（26）：74－75.

② 林慧晶．环环相扣说过渡——高中语文阅读教学环节过渡语设计及运用［J］．新课程，2020（46）：189.

接讲授内容。

在人教版高中《英语》Festivals and celebrations 这篇阅读文章中，教师根据文眼 Festivals and celebrations 设计了一张表（见表1），把文章分散的7个自然段有机地联系和衔接起来。①

表1

Kinds of Festivals	Names of Festivals	Countries	Celebrations
Festivals of the Dead			
Festivals to Honor People			
Harvest Festivals			
Spring Festivals			

这么办3

语言渲染式

一个优秀教师必须具有良好的教学过渡能力，让学生沉浸在“言犹在耳，经久不息”的境界之中。其中，精心设计和巧用过渡语尤为重要。所谓“过渡语”，是教学环节、内容、形式等发生转换、迁移时，教师引导学生进行思维调控的语言。

教学物理“电容器”知识时，我在讲解电容器的结构之后，以“结构决定性能”这一经典语言为主要衔接，讲解电容器的性能，而后再以“性能决定应用”这一后续经典语言为衔接，讲解电容器的实际应用。

这种使用顺联式衔接过渡来连接物理课堂，逻辑清晰，层层递进，可以帮助学生梳理清楚物理知识内部的逻辑关系，有助于学生快速消化理解相关知识，并构建起有关电容器的知识范式。

好的过渡语，犹如京剧中的“过门儿”，能承上启下，吸引学生的注意力，为教师传授新知识铺路；又如音乐作品中的“间奏”，能起承转合，调节课堂节

① 刘旭芳．高中英语阅读教学过渡策略探究［J］．英语教师，2020，20（19）：71－74.

奏，帮学生聚气凝神、专注学习。（参看配套U盘视频：教学环节与环节之间该如何衔接？①）

这么办4

角色转换式

教学过渡必然要注重联系，教师除了把握知识之间、材料之间的联系，还要关注感情之间的联系。这里，除了文本人物之间的感情联系，教师需要思考的是，如何在文本与学生之间建立感情联系，其中，有一种做法是把文本内容“过渡”到学生身上，采用“如果是你，你会怎样？”的角色转换方式，实现教学的自然过渡。

在学习《再见了，亲人》时，教师可以这样设置过渡环节：“设想一下，如果被大娘救出来的人是你，你吃过大嫂亲手挖的野菜，那么在后来分别的时候，你会用怎样的语言和方法表达自己对这些亲人的情感呢？”如此使用“移情体验”，能进一步深化题意，令学生与文本中的人物感同身受，进而再次升华文本的主旨情感。

在《少年闰土》这篇课文中有这样的内容：“他正在厨房里，紫色的圆脸，头戴一顶小毡帽。”教师提问：“作者这样描写闰土，你觉得准确吗？为什么？如果是你，你会怎么描写闰土的外貌？”学生进行分析后给出各种答案。教师总结：“外貌描写能够让读者很清楚地认识人物。”教师的适时引导，能够提升学生的写作能力。

这么办5

整体情境式

在知识导入环节中，教师常常会采用情境导入的方法，调动学生情感，激发学生学习兴趣。如果教师把整节课的教学内容设置成一个主题情景，那么这样的

① https：//www.xiaohongshu.com/discovery/item/619e5178000000001027621. 小小曾老师 · 小红书/RED.

教材就如一本故事书，这样的教学就如一场剧目，吸引学生主动学习、快乐学习。其中，教学将随着情境线的发展自然地实现环节之间、知识之间的过渡。

教学数学“用列举策略解决问题”时，我们将全课设计成一个整体化情境“王大伯的农家乐”串联教材所有的例题和习题，同一情境主题下的任务链指引着学生进入了一个完整的学习情境。

任务1：“围花圃”（保留原来的例题）；

任务2：“定时浇水”（替代教材原来以“音乐钟”为素材的习题）；

任务3：“选择菜单”（保留教材原来的习题）；

任务4：“更新菜单”（替代教材原来以“网站”为素材的习题）；

任务5：“买纪念品”（替代教材原来以“邮票”为素材的习题）；

任务6：“重新设计花圃”（作为例题的拓展练习——靠墙围花圃）。

这一任务链的设计，紧紧围绕着“王大伯农家乐的参观与游玩”这个主题展开知识的学习与练习。如此情境化学习，有助于学生快乐学习和整体学习。

怎么办38

教学如何使用分解技术？

教学中，由于时间的限制，教师常常会把教学内容整体呈现；另一种情形是，由于教材的限制，许多教学内容只能整体呈现。然而，教学内容的“一目了然”未必能够换来学生对知识的清晰认识和内化。因为，教学内容的完成需要一个不断发展的“分解动作”过程，学生认知的完善同样需要一个不断丰富的分析过程。那么，教学该如何使用分解技术呢？

这么办1

“分步”技术

教学不能太统一，让学生失去个性展示的空间；教学也不能太笼统，让学生失去细嚼慢咽的机会。对有些大块知识，如果一下子都呈现出来，学生可能会吃不了或消化不了。教师要善于运用“显微镜”，把成块的知识合理分解，分成若干个步骤，让学生拾级而上、循序渐进，并放大一些关键性的细节和一些关系性的线索，让学生能够抓住知识的要点和方法的要领，纲举目张，如此可能获得更好的教学效果。

“认识百分数”新授结束后，教材有这样一道题（见图1）：下面每个大正方形都表示“1”，图中涂色的部分和没有涂色的部分各占“1”的百分之几？

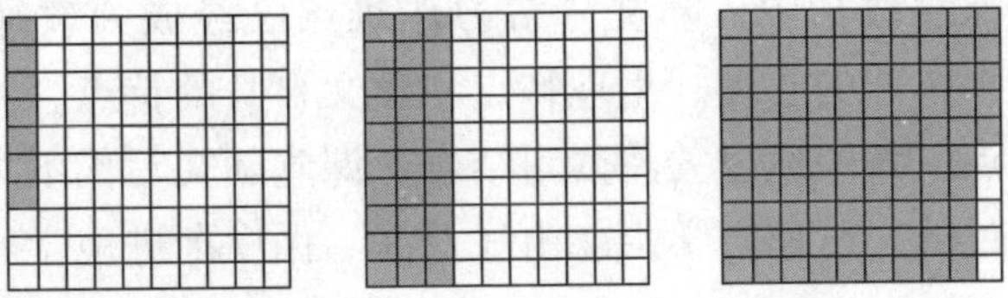

涂色部分	（　　）	（　　）	（　　）
没涂色部分	（　　）	（　　）	（　　）

图1

教师并没有把题目完整呈现，而是把这三张图分步出现：

第一步：先出现第一张图，让学生填写“涂色部分”占整体的百分数，然后提出问题：“由涂色部分所占整体的百分数，你还能想到哪个百分数？”顺着学生的回答再出现“没涂色部分（　　）”的填空。学生能发现这两部分的百分数之和就是“1”。

第二步：再出现第二张图，让学生依次填写“涂色部分”与“没涂色部分”占整体的百分数。

第三步：最后出现第三张图，让学生在填写“涂色部分”与“没涂色部分”占整体的百分数时，思考“怎样填写比较容易”，其中，许多学生会想到先填写“没涂色部分”占整体的百分数，然后推算出“涂色部分”占整体的百分数。

如果按照教材面貌，把完整的练习题一览无余地呈现在学生面前，学生做题时一般只会跟着教师呈现题目的顺序“顺向”思考问题。这样会造成学生思维方向比较单一和死板，也不太容易自觉关注知识之间的关联性。练习的功能只是“做题”。

而教师把三道小题目分步出现，给学生设置了思维的台阶。在第一小题中又分步出现问题，先让学生填写“涂色部分”所占的百分数，然后让学生反向联想出“没涂色部分”所占的百分数，培养了思维的互逆性。在出现第三小题后，教师没有急于让学生填写答案，而是先思考方法的简捷性，让学生意识到有时也可以“倒过来”想问题和做题目，再次培养了学生思维的互逆性。这样练习的功能才是“解题”。

这么办2

“分管”技术

小学语文课堂教学中，随文分解习作难点已经成为教师习作教学的重要手段。基于小学生特殊的心理、生理特点和作文自身的特点，习作课成为小学语文课堂教学的难点，其中通过关注读写结合、课堂随文写作不失为一种行之有效的教学方式。通过随文写作，学生能由浅及深、循序渐进地学习习作，进而提升习作水平。

在《桃心花木》一文中，小树苗是学生常见的事物，有很深的亲切感，因此，学生学习积极性非常高。对此，教师趁热打铁，让学生发挥联想和想象，写一件小事，告诉我们一个道理。学生都非常积极踊跃，有的学生写“大拇指叔叔指挥交通”悟出了要发扬优秀品德、乐于助人的品格；有的学生写养小金鱼的经历，悟出了做事情要遵循自然规律的道理；有的学生写参加跳蚤市场活动，感悟到应该感恩父母的付出，好好学习……对于自己比较熟悉的事情，学生写起来容易上手。通过写一件小事，发挥各自的联想和想象，明白一个人生道理，对于学生人文素养和人生价值观的养成非常有益。①

① 张民娥. 读写结合 随文习作 分解难点［J］. 山西教育（教学），2022（04）：9-10.

这么办3

“分层”技术

对有些难点知识和综合问题，教师有时需要把它分层，分解为几个单层次、单原理的“简单问题”，在层层剖析、逐一讲清的基础上，再把各“简单问题”串联起来，最后导出结论。

在“政治经济学常识”教学中，在讲解“为什么说资本体现着资本主义的生产关系”这一难点时，我把这个问题分解为如下四个层次来分析：

层次1：货币变为资本的关键在于能够带来剩余价值；

层次2：剩余价值产生的前提条件是劳动力成为商品；

层次3：劳动力成为商品必须具备两个条件；

层次4：劳动力成为商品的两个条件，只有在资本主义生产关系下才具备。

可见，只有在资本主义生产关系下，货币才能成为资本。反之亦然，只要存在着资本，就意味着一定存在着资本主义生产关系，存在着资本家对雇佣工人的剥削。因为没有资本家对工人创造的剩余价值的剥削，资本就不成其为资本，资本就不存在。所以，资本体现着资本主义的生产关系。①

如此“化简”的分解技术，运用的就是“目标分解法”，目标小了、近了，学生就能“看得见”“摸得着”，对学习不再感到渺茫和恐惧。如果教师同时还能辅之以板书、图示、举例等手段，那么更有助于学生对知识“看得见”“摸得着”，从而听得懂、记得牢。（参看配套U盘视频：高考目标分解是有方法的②。）

---

① 郝惠．运用“分解化简法”突破教学难点——《政治经济学常识》教学体会点滴［J］．中学政治课教学，1983（08）：11－12.

② https：//www.iqiyi.com/w_19ru3paevx.html？list＝19rroedfwa. 国权演讲社的空间页——爱奇艺视频．

这么办4

“分段”技术

教学不能太性急，否则学生看不到知识远处和深处的风景。教师要善于运用“望远镜”，使学生能关注知识更深远的意义。对于有些重点知识和综合问题，教师有时需要把它分段，让学生“瞻前顾后”，使同一教学内容能够随着时间的延长和学生知识的增加而不断延续和提升，不断赋予学生新的认识。

小船运动的分解问题是高中物理的经典问题和重点问题。教师根据高中物理知识和数学知识不断丰富的特点，把这个问题的分析讨论安排在高中三年中的三个不同时期来进行，达到了很好的教学效果：

时段1：用物理学的运动合成与分解和数学向量知识分析小船运动问题；

时段2：用数学的微元法和物理的功能原理再次分析和验证结论；

时段3：利用物理建模和数学微积分知识，在数学上运用两次求导，从理论上严密推导出速度和加速度的分解结论。①

这么办5

“分工”技术

教学的取材范围不能太狭窄，否则会使学生的学习缺乏物质支撑；同理，教学的取“才”范围也不能太狭小，否则会导致学生的学习失去教师和同伴的支持。教师要善于运用“广角镜”，呈现多种多样的材料，吸引所有的学生参与到学习中，丰富学习的背景，发挥集体的力量。

“乘法结合律的简便计算”新授结束后，教材中有这样一道题目（见图2）：先算一算，再比一比每组中哪道算式的计算比较简便。

---

① 陈立其．“小船运动分解”难点问题的教学策略［J］．中学物理教学参考，2020，49（13）：28－30.

25 ×24 25 ×4 ×6	45 ×12 45 ×2 ×6	36 ×15 9 × （4 ×15）

图2

一般教法是让学生算一算后比一比，发现下面的连乘算式就是上面乘法算式的简便算法，首先把一个乘数分解成两个因数，然后运用乘法结合律进行简便计算。而一位教师在教学时，把横向的三小题重新组合，让男生和女生比赛，看谁算得快。男生做的一组题是：25 ×24，45 ×12，36 ×15；女生做的一组题是：25 ×4 ×6，45 ×2 ×6，9 × （4 ×15）。

开始时，女生有意见，因为老师给她们的都是两步计算的题目；结束后，男生有意见，因为感觉老师给他们的题目没有给女生的题目好算。此时，教师微笑地指着其中结果相同的题目，点拨道："那男生可不可以改写成女生做的题目进行计算？"男生恍然大悟，明白了其中的简便计算方法。

怎么办 39

如何打破常规助力学习活动?

教师设计教学预案时，会围绕一个"中心"（教材的中心思想）和两个"基本点"（教师的基本素质和学生的基本情况）来"深谋远虑"整个教学过程。其中，教学目标需要通过教学行为来实现，教学策略需要通过教学行为来体现，教学环节需要通过教学行为来呈现。在传统性、常规性、习惯性教学行为基础上，有时候教师多此一"举"，或许能使教学获得更高的价值和更多的回报。那么，教师该如何打破常规助力学习活动呢?

这么办1

“未雨绸缪”

传统教学中，教师一般要待到新授课时才揭开知识的“面纱”，有时还故弄玄虚地让新知“千呼万唤始出来”，认为这样才会使学生因知识的神秘而产生好奇，激发学习兴趣。新课程教学要求教师摒弃“闭关”政策，在知识新授前可以多此一“举”——鼓励和指导学生在生活中有足够时间先行触摸知识和体悟知识，“山雨欲来风满楼”，让学生因充分准备而充满自信地走进课堂。

教学“时分秒”时，我多此一“举”——增加了铺垫活动，提前几周让学生在家中观察钟面、了解钟的功能，并试说时间，可以请家长帮助。同时，我还在教室里挂上时钟，让学生记录一天活动的相关时间，并与老师或同学交流。正式课堂教学时，教师只需做一些整理与复习和解决疑难问题等工作。

这么办2

“欲擒故纵”

传统教学中，有些教师为了能使教学及早取得“成果”，并能长时间地落实与推广“战绩”，由此走“短、平、快”的教学捷径，淡化甚至省略知识生成的“漫长”或“曲折”过程，直奔“主题”，留给学生更多的是死板的记忆而缺乏鲜活的体验。新课程教学要求教师注重过程教学，在揭示知识时可以多此一“举”，“文似看山不喜平”，艺术化地处理知识，让学生在跌宕起伏的“曲线”教学中纵情活动，获得刻骨铭心的感受。

在《羚羊木雕》一课本来的设计中，后面的内容是分角色朗读文章中的对话，揭示“情意高于物质”的主旨，但实际情况却没有按预定思路。在“该不该要回羚羊木雕”的辩论中，绝大部分学生认为应该要回来，理由是这个东西太贵重了。

面对争论不休的学生，我转换了一下思路，在黑板上出了一道数学题，让学生在“友谊”与“羚羊木雕”中间填上“<”“=”“>”号。大多数学生选择了“友谊<羚羊木雕”，这是我意料中的。

接下来，我又提了一个问题，如果中间是“=”号，你觉得应该把“羚羊木雕”换成什么。学生有的说“一个笔记本”，有的说“一盒糖”，总之其价值远远低于“羚羊木雕”。接着，我提出第三个问题：“请同学们想一想，你和同学之间的友谊，可以用一个什么价值的物品去做等量代换？如果将友情换成了亲情，请你们也找一个相对应价值的物品进行交换。”学生不再争辩，都陷入了沉思之中。

最后，我小结道：“同学们，情感是我们生命中非常重要的东西，不管是怎样的感情，只要是真挚的，它都是无价的，任何想用物质去衡量某种情感的做法都是极其愚蠢的。”说完，教室里响起了长时间的掌声。①

这么办3

“峰回路转”

传统教学中，有些教师简单化地增加同类习题的数量，甚至增加同一习题的次数反复让学生练习，来达到强化知识的目的，造成学生机械性操作后的麻木和厌倦。新课程教学要求教师不能总是“炒冷饭”，在知识的视点上可以多此一“举”——引导学生不仅从知识本身的广度、深度上“追究”知识，还可从外部观察知识的不同角度“炒作”知识，让学生从中获得“横看成岭侧成峰”的新发现、新体会，做到深入、全面地认识问题。

教学“轴对称图形”时，我以“迎奥运”为串联练习的主线，电脑打出黑体的“2008、中国、CHINA”等字样，让学生判断其对称现象。之后，在原有字体的基础上多此一“举”——增加了字体变换，改成行楷让学生继续判断，在转折中深化认识“字体的变化会导致字形对称性的变化”。

然后，我没有一次性呈现“奥运五连环”，而是又多此一“举”——增加了分解动作，先出现一个圆，再逐步合成两个、三个、四个、五个圆，让学生分别判断其对称现象，再让学生领悟“图形的变化会导致图案对称性的变化”。

① 周进平．阅读教学中欲擒故纵的教学智慧——例谈阅读教学中情感态度和价值观目标的实现策略［J］．语文教学之友，2018，37（06）：3－5.

这么办4

“兼容并蓄”

教学中，教师应该打破束缚，在知识的“包装”上可以多此一“举”——“团结一切可以团结的力量”，“数形”结合、“声色”互动、“动静”搭配、“内外”调剂、“进退”自由，给知识穿上亮丽的“时装”，使其面貌更新、形象更美、表现更强、范围更广、解答更活，使学生更乐于接纳知识、更易于理解知识、更宽于拓展知识。

在教学习作写信时，教师哼唱着流行歌曲《一封家书》走进课堂，目的之一是用这首好听的歌曲渲染学习气氛，促使学生产生好奇心：语文课怎么成了音乐课？语文老师怎么成了音乐教师？目的之二是利用这首歌的歌词教学写信的格式。

最后，教师又出示了一首《书信格式歌》：“称呼顶格打冒号，先向亲友问个好。正文每段空两格，一件一件不乱套。事情谈完写祝福，健康快乐要说到。署名日期别漏掉，工整写在右下角。”让学生朗读体会，帮助学生快速记住书信格式。

教学中，教师把一些枯燥乏味的知识与学生喜闻乐见的歌曲或戏曲相结合，让学生唱出来、演出来，这样兼容并蓄的学习必然深受学生的喜欢。（参看配套U盘视频：一封家书：这位老师有独特的教学方式，学生学得更快记得更牢①。）

这么办5

“跟踪追击”

传统教学中，教师在课内使用的教具或学具等教学材料，一般是一次性使用，或归还库房或扔弃不用。但是，总有一些学生由于各种原因没有看清、摸

① https：//www. ixigua. com/6860288141232865803？fromvsogou = 1&utm_ source = sogou_ duanshipin&utm_ medium = sogou_ referral&utm_ campaign = cooperation. 闪电文娱的个人主页——西瓜视频 .

透、用足、想通，造成知识内化的“夹生”现象，留下体验时没有“过足瘾”的缺憾。新课程教学要求教师注意教学资源的再利用，对教学器具的处理可以多此一“举”——对这些教学器具实行“召回制”，让学生能经常“再见”，使之不再“昙花一现”，而能在课外为学生所用，长时间地为学生弥补知识、巩固知识、复习知识、发展知识发挥“余热”，从而提升教学材料的使用价值，避免教学“资产”的流失。

教学一些计量单位时，我常会多此一“举”——增加教具用时，让学生在课余时间继续“玩弄”。例如，教学“千克、克”后，我把质量为1千克的沙袋、500克的盐袋等材料放在数学角，让学生天天去掂一掂、比一比；教学“米、厘米”和“分米、毫米”后，我把长度为1米、1分米、1厘米的纸条贴在教室墙壁上，让学生经常去看一看、比一比，并能用这些长度留下的表象去估一估其他物体的长度。在多次操作活动中，学生对这些质量单位和长度单位的印象越来越清晰、越来越精确、越来越深刻。

怎么办40

如何激励学生学习？

阿基米德说：“给我一个支点，我就能撬起整个地球。”教学中，教师都希望能够找到一个“支点”，撬起整个课堂，撬起尽可能多知识的学习，撬起尽可能多学生的热情。中国政法大学教授罗翔说：“要想撬起世界，你必须把支点选在自己的心灵上。”同理，要想撬起课堂，教师必须把支点选在学生的心灵上。那么，教师该如何激励学生学习呢？

这么办1

感人至深

爱听故事是学生的天性，特别是在教学中，教师讲述一些感人至深甚至催人泪下的真实故事，不仅可以使学习具有亲和力，而且能够激励学生好好学习，明白一些做人的道理和处世的方法，同时心灵得到净化、思想得到升华，最终内化于心、外化于行。

在教学道德与法治“我对谁负责，谁对我负责”一课时，我让学生观看菏泽“最美司机李福振”的故事：“李福振在生命的最后一刻，刹车、靠边、开门、熄火，将车稳稳停在站牌前，用自己的生命保护了一车乘客的安全。”故事就发生在学生身边，能触动学生的心灵，启迪学生的思想，引起学生的情感共鸣，使学生深切感悟到在生活中不同的角色承担着不同的责任，我们要承担起自己应尽的责任，做一个负责任的人。只有人人具有责任心，自觉履行应尽的责任，才能构建和谐美好的社会。①

这么办2

引人入胜

近期教育学和心理学的大量研究表明，学生的学习心态与未来的教育成果（如学业成绩、学习行为表现和学历水平）相关。在教学中，对引人入胜的学习任务，学生必然有积极的学习心态。

小学四年级语文《盘古开天地》一课，在导入环节，教师让学生说说“（　）天（　）地”的成语，并板书在黑板上。学生和教师合作写了“翻天覆地”“顶天立地”“欢天喜地”“昏天黑地”“开天辟地”等成语。

之后，教师神秘地告诉学生：“这一篇课文就好像一部电视剧，可以将每个自然段看作其中的一集。请你选择自己喜欢的一集认真地读一读，再选择一个成

① 王凤娟．这次第，就一个“情”字了得——浅谈道德与法治课中的情境创设［J］．山东教育，2022（14）：42－43.

语，作为这一集的题目，写在书中对应的段落旁边。”

这是一个“引人入胜”的学习任务，一是“引人进入胜景”，以电视剧为例让学生捕捉完成学习任务过程中的美好；二是“引人进入胜利”，以编剧的角色让学生享受完成学习任务后成功的快乐。

这么办3

发人深思

我们通常认为容易学的知识更容易记，但事实恰恰相反，容易学的知识更容易忘。科学研究表明，学习的过程比较困难，记忆的效果会更好，也更容易提取所学的知识，这个现象被称为“必要难度理论”。有人说，遭遇困难才是真的学习。心理学有个说法叫“有利的困难”，意思是说有困难，才能让你深度学习。教师应该设计“发人深思”的具有挑战性的任务，锻炼学生的学习能力，激励学生的学习意志。

教学“圆柱的表面积”一课，教师抛出“设计一款能尽量节省制作材料的茶叶罐”的制作任务，深具挑战性，驱动学生经历一系列的学习与探究：不仅要学习“圆柱的表面积”，而且要学习“圆柱的体积（容积）”等数学知识，比较各种不同设计的圆柱茶叶罐的表面积与容积，还要与学过的长方体茶叶罐的表面积与容积进行比较。

在教师没有提供数据的困境下，学生自己想方设法，经历一个逻辑推理过程，之后再通过数据验证，最后得到结论。其中，学生的逻辑推理能力、观察发现能力、空间想象能力、科学探究能力得到了很好的锻炼。

张方宇在《单独中的洞见》一书中写道：“人们喜欢爬山，有些人也许是出于对山本身的热爱，但也有些人喜欢的是那种向上爬的感觉。”学习中的“发人深思”，学生可能会因“深深地思考”而“深深地思念”，对学习牵肠挂肚，长久保持学习的热情，这就是挑战性学习的激励作用。（参看配套U盘视频：学习英语专业，喜欢挑战性工作①。）

---

① https：//tv. sohu. com/v/dXMvMzM4OTE1NDM0LzMyMzg4NTMxNC5zaHRtbA = =. html？ fromvsogou = 1&src = 12050001. 天津卫视“非你莫属”节目.

这么办4

催人奋进

金融家苏世民在《苏世民 我的经验与教训》一书中写道：“实现大目标和实现小目标的难度相差无几，唯一的区别在于：目标越大，其产生的影响力也越大。”由此可见，目标越大，影响力越大，激励作用也就越大，结果困难反而小了。所以，教师为学生树立的学习目标应该远大一些，让学生感觉在做一件大事。

数学教学中，我们不再“小步子走”，也不再“一课一情境”，而是一个单元甚至几个单元用一个主题情境统整，用“大任务”激励学生学习。

如我们抛出“建游泳池”这一“大任务”，如果学生想建的是表面长方形的游泳池，“图纸设计”“装修预算”等子任务就会涉及长方体的特征、表面积、体积（容积）等单元知识的学习；如果学生想建的是圆形游泳池，则涉及圆柱的特征、表面积、体积（容积）等单元知识的学习。另外，工程进度、泥土装运等又会涉及“时间安排”“车辆安排”等子任务；游泳池建成后，如果想在两边或一周完成“植树或装饰”这一子任务，又会涉及“间隔排列”等数学知识……众多子任务组成的任务群越大，其影响力也越大，涉及的知识圈也可能越大。

这么办5

成人之美

我们都喜欢成人之美，教学也应该成人之美，激励学生成长。教师应该知道，学生的学习不能只靠喜欢。有人说：“推开自己喜欢的东西，叫成长。”还有人说：“幼稚的人谈喜欢，成熟的人谈责任。”所以，教师的教学应该慢慢引导学生从单纯的喜欢走向《中国学生发展核心素养》中倡导的“责任担当”，因为“责任是需要培养的，并不是一夜之间就能拥有的顿悟”，最终达到“不喜欢的事，你也可以做得很出色”的学习境界，“不谈喜欢谈责任”，可以很好地激励学生学习。

在学习生物“免疫调节”这一课时，教师先向学生呈现两条热点新闻，通过新闻引入，从正、反两个方面，让学生明确抗原和抗体的概念、抗体产生的过程及其对于人体的影响等基础知识。更重要的是，让学生明白以下道理：首先，注射疫苗是帮助人们保持健康、预防疾病的重要途径之一。在日常生活中，我们应该正确认识乙肝、流感、脊髓灰质炎等疫苗的社会作用与健康价值，并根据自己的需求主动接种疫苗，形成正确的健康观；其次，以疫苗为代表的医药品关乎人们的健康与生命，作为高中生，我们应该提高对于药品的鉴别能力，并自觉维护医药市场的健康与稳定。

如此教学，教师通过引导学生关注社会热点，引导学生能够从生物学视角观察和理解社会现象，从而培养学生的社会责任。①

奥地利哲学家奥托·魏宁格说：“人类的意志不是被快乐驱动的。它的驱动力——一种被他人和我称为价值的东西，生命，或存在，或现实。”让学生看到生活价值乃至生命价值，学生的学习的责任、学习的意志、学习的快乐会更强。

① 童莉莉．学习生物知识 培养社会责任——基于社会责任培养的高中生物教学研究与探索［J］．安徽教育科研，2021（23）：4－5.

怎么办 41

如何保持学生发言热情？

课堂教学中，教师与学生之间的信息交流与反馈，通常是通过学生的举手发言来反映的。举手是学生想表达自己或对别人的看法的示意方式，只有多听学生发言，教师的教学才能更具有针对性。有活力的课堂和有效果的教学，离不开学生的积极举手和热烈发言。那么，教师该如何保持学生发言热情呢？

这么办 1

不敢发言，就练胆子

对于一些因为性格内向或思维迟钝而害怕发言的学生，教师应为他们设置循序渐进的发言台阶，从说一句话到说一段话再到说一通话，从说相同的话到说相似的话再到说不同的话，从指定说到轮流说再到争取说，让这些学生勇敢地跨出第一步，并在之后许多次的发言锻炼中增强发言意识和提高说话能力。

李开复的女儿曾经很害羞，在学校不敢举手发言。李开复就用自己在比尔·盖茨面前发言的例子鼓励她勇于发言。李开复的女儿虽然同意试一试，但还是只有在适当的时候、有最好的意见时，才愿意发言。李开复让女儿摒弃了“有最好的意见”这样一个主观评价标准，和她一起制定了一个实际的目标：每天举一次手，如果坚持一个月就有奖励，然后再慢慢增加举手的次数。

一年后，老师注意到，李开复的女儿已经在不知不觉中成长为一个善于表达的孩子。不仅如此，为了能举手发言，李开复的女儿上课更加集中注意力听讲，课后更认真地把功课复习好、预习好。

这么办 2

不会发言，就给法子

在课堂上，经常有一些表现欲强的学生，特别是小学生，往往教师的问题刚刚提出，他们的小手就齐刷刷地举起来了。等到教师叫他回答时，却让人大跌眼镜，不是东拉西扯，就是泛泛而谈，引来同学哄堂大笑，可他自己却不以为然。反复几次后，教师对他屡次举起的小手变得视而不见。

学生小石，表现欲很强，爱好面子，举手发言一直很踊跃，就是语言表达能力有点欠佳，回答问题时词不达意，思维跳跃性强。

我找了个时机与他谈了谈："小石，在课堂上发言，听到老师的提问你可不可以先不要急着举手，先思考一下。""老师，我不举手，别人举手了，我多没面子呀，别人会笑话我不懂。"过度的自尊在他的身上表现得淋漓尽致。

为了既能保护他的自尊心，又能较好地纠正他不思考就举手发言的坏习惯，我灵机一动："老师和你做一个私下的约定，你看行不行？""什么约定？""我提出问题后，你可以立即举左手，同时要在脑海中仔细思考问题，组织语言，等这些都完成后再举右手，老师就知道你已经准备好了，老师再请你发言，你看行吗？"小石也许明白了我的良苦用心，高兴地答应了。

上课时，我有意放慢节奏，等待小石从左手举起到右手举起的变化。在他较为准确、流利地回答出问题时，我大加表扬，以此来鼓励他。渐渐地，他左手到右手转换的时间缩短了，发言的质量逐步提高了。①

这么办 3

不愿发言，就抓阄子

教学中，总有些学生由于胆小不敢回答问题，或者由于怕麻烦不愿意回答问题，在其他方法没有效果的情况下，教师不妨采用抓阄的办法试一试，鼓励学生跨出艰难的第一步。

---

① 张金华．一个"爱"发言学生的个案研究［J］．教师，2016（18）：16－17.

有一位教师注意到胆小的学生吴某某总是不肯举手发言，指名让他回答也是紧闭着嘴，一脸的不乐意。

有一天，他突发奇想，在他提了一个问题之后，下面学生举手踊跃，但他说：“这次叫谁回答呢？我们来抽取幸运儿。”他故意在事先准备好的放有学生学号的纸盒里抽出一个纸阄，让前排的学生打开并大声说出来，“是吴某某”。

吴某某很是惊讶，在其他同学“运气真好”的羡慕中第一次主动站起来回答了问题，教师及时给予了掌声。当有了第一次，第二次就不再那么艰难。当然，此处的抓阄，教师做了手脚，想用天意来克服学生说不出口的心理障碍。

还有一位教师用筷子代替纸条，在筷子上贴上写有学生姓名的纸条，用抽签抽的方式选择“代表人物”来回答问题。当然，我们还可以用扑克牌来代替纸条和筷子。

学生不敢或不愿发言，教师可以用抓阄的方式来帮助学生树立信心。反过来，如果学生抢着喊着要发言，但又无法一一满足，此时教师也可以用类似的方法，抽到谁就让谁回答，这样学生会感觉很公平。

这么办4

还没发言，就搭场子

课堂教学时间有限是一个客观的事实，许多学生的许多发言常常得不到满足，这也常常成为教师和学生的遗憾。教学中，教师要想方设法，多给学生发言的机会。比如设计“一题多问”，以便学生“一题多答”，增加发言的次数。

在“分数的认识”课尾，教师设计了一个“一题多问”“一问多答”的环节，让课中没有发言的学生有了一次“表现”：

首先，教师提问：“这节课哪些同学发言了？请站起来。发言的同学占全班同学的几分之几？这个问题，我请还没发言的同学来回答。”

当一位之前没有发言的学生回答后，教师趁机提出更多的问题：“刚才发言的这位同学占了全班同学的几分之几？我们全校有1576名学生，他占了全校人数的几分之几？我们全市有83万人口，他又占了几分之几？”分别指名没发言的学生回答。

其次，教师开启新一轮的提问："为什么同样是这位同学，你们说的分数却一直在变?" "现在发言的同学占全班同学的几分之几? 没发言的又占多少?"……

这一环节的设计，既给了没发言学生一次表现自己的机会，又能够让教师借此了解学生的新知掌握情况，这比教师自己总结教学内容不知强多少倍!

学生不愿意举手发言，还有一个原因是：教师一次只能叫一个学生回答，其他学生就可能会失望。久而久之，未被提问的学生就会产生事不关己高高挂起的心理。(参看配套 U 盘视频：少儿舞蹈《举手发言》①。)

这么办 5

还要发言，就写条子

课堂教学时间的有限，还可能会让还想发言的学生不能尽兴，教师就可能会遗漏这些学生的精彩或独特，这也是教学的遗憾。那么，怎样解决教学时间紧与学生发言多的矛盾呢? 教师可以采用一些间接的做法，让学生通过书面语言写下自己的发言内容与教师交流的方式来缓解这种矛盾。

一位教师经常让学生自制书签，可以做成各种形状，然后在书签的一面画上图画，写上祝福的话语、自己的心愿或者喜欢的话语，另一面则用来写下在课堂上没有机会发言的内容，或者在发言环节过后又想到的见解、建议和困惑，课后送给老师阅读。学生很喜欢这种书签式的发言工具。

教师就可以从学生送的书签上知道学生还想说些什么，从中获取一些信息，或作为调整下一节课教学方案的依据，或在以后适当的时间内与学生私下交流，或贡献出来让其他同学共享。当然，教师也可以把自己想对学生说的话，写在他的书签上回送给他。这样，书签不仅成了师生之间沟通思想的载体，还成了师生之间传递情感的媒介。

教师也可以为每位学生准备一本"语录本"，代替上述诸如书签的"发言

① https：//haokan. baidu. com/v? pd = wisenatural&vid = 8098269502937726818. 全能星天地——好看视频.

卡”，这样便于保存。教师还可以利用黑板报为学生开辟一块“自由谈”空间，让学生在课后把课中无法说的话在那里“留言”，并鼓励其他学生进行“跟贴”，教师适时进行评说。

怎么办 42

课堂如何产生学生思想？

学生思想是一个动态过程，也是一个不断进步的变化过程，思变则进，思变则活。学生思想的变化一般有一个艰难的过程，在思想历程的长途跋涉之中逐步完成思想的原始积累，然后在某一触发点、某一关键点或某一转折点实现思想的飞跃，最终闪现思想的火花。那么，教师该如何让课堂产生学生思想呢？

这么办 1

思想的突变

思想的形成需要在某一方面或某一领域获得突破，思想的变化有时体现在它能突破常规，一是“想别人未尽之思”，二是“想别人未及之思”，前者是别人思想的发展，后者是自己思想的创新。

在“三角形面积”课堂练习中，我让学生用自带米尺测量、计算红领巾的面积。有一小组学生求助：“老师，我们组忘记带米尺了，能否借你的米尺用用？”我有点儿生气地应答：“你们的学习准备就是不充分！就用你们笔盒里的20 厘米长的短尺去试试吧！”“老师，用长20 厘米的短尺不够去量红领巾的底边长，太麻烦了！”

我灵机一动，何不让大家试试呢？我要求各小组改用短尺量，比一比哪组的方法多。学生纷纷尝试，结果方法可不少。

（1）用短尺测量，通过连加获取数据，得 $96\times28\div2=1\,344$（平方厘米）。

（2）把红领巾沿高左右对折成两层直角三角形，测量两条直角边长度，得 $48\times28\div2\times2=1\,344$（平方厘米）。

（3）把红领巾的三个角往底边中点对折成一个两层长方形，测量长宽，得 $48\times14\times2=1\,344$（平方厘米）。

（4）把红领巾沿高左右对折成两层直角三角形，再对折成四层小长方形，测量长宽，得 $24\times14\times4=1\,344$（平方厘米）。①

这么办2

思想的聚变

思想的变化有一个由少到多、从量变到质变的积累过程，它有时需要在各种思想观点的相互碰撞中不断丰富、不断修正、不断明晰、不断深化。思想的变化也有一个由浅入深、从现象到本质的深化过程，它有时需要在对思想材料进行去粗存精、去伪存真的不断抽象概括中长驱直入，探得问题的真相和核心。

一位语文教师教学《赠汪伦》时，有学生提问：“我觉得汪伦送别的方式很特别，李白很爱喝酒，那汪伦为什么不以酒相送而要送歌呢？”教师让学生先思考讨论，然后出示了《送孟浩然之广陵》《别董大》《渭城曲》等送别诗。

通过讨论发现，虽然李白、高适、王维等的送别方式不同，但相同的是他们都是以情相送。这样，学生加强了对文本的感悟，也拓展了知识视野，更受到了情感的熏陶。

① 袁生玲．麻烦“惹”出的精彩——“三角形面积公式”教学小记［J］．中小学数学（小学版），2008（05）：13．有改动．

这么办3

思想的裂变

思想的形成具有传染性，一是不同内容、不同形式、不同领域之间的知识实现联动，二是不同学生之间的思想实现互动。思想的变化有一个由此及彼、相互交流的输送过程，“你有一种思想，我有一种思想，彼此交换思想，大家就有了两种思想”，其实在思想的交接中，还有可能会衍生出新的思想。

学生普遍不喜欢改作文，因此，我们在习作教学时巧立一些“名目”，引发学生改习作的乐趣。

（1）新闻发布会。习作评改前，教师认真阅读学生的“自荐语”，撷取学生习作的闪光点，并在课堂上以“新闻发布会”的形式展示出来。让每个学生都有展示的内容，哪怕是一个片段、一个句子或一个词。

（2）记者招待会。对教师推荐或在学生互评中认为好的作文，以“记者招待会”的形式，让“小作者”介绍作品的“创作”过程，其他学生进行采访。

（3）好词好句好段“超市”。每次学生互相修改习作，教师引导学生找出对方的好词、好句、优美的片段，举办好词好句好段“超市”，引导学生参观品赏。

（4）走进点播厅。通过课件或其他媒体，出示班级中的优秀习作，让学生选择自己喜欢的篇目，再让被选中的小作者朗读，全班共赏。对同一题材不同题目的“点击”，既是表扬，同时又是对开拓选材思路的一次指导。

思想的变化也有一个由点到面、举一反三的拓展过程，经历了这个触类旁通的转换过程，由此增加思想的宽度、思想的适用面和提高思想的实用性。（参看配套U盘视频：薛兆丰谈教育，麻省理工是如何教育学生？你有想法，就让你去实现，就让你习惯被实现！①）

① https：//www. bilibili. com/video/av545430823？fromvsogou = 1&bsource = sogou&fr = seo. bilibili. com. 一个经济学者的个人空间——哔哩哔哩视频.

这么办4

思想的逆变

思想的形成需要左右逢源，除了正面推进，也可以在知识上适时进行反面拓展，或者在教法上进行反向操作，使思想实现殊途同归。思想的变化有时需要“反其道而行之”，反过来理解与巩固正面的成果，印象会更深。教学中，教师应善于经常利用“反面”教材反问学生，促使学生经常反思，提高思想的反作用力。

数学“游戏公平”一课，教学例题后，教师出示两个转盘，让学生判断：哪一个转盘是公平的？学生都认为第一个转盘是公平的。

我提出问题：“第二个转盘对于这个游戏规则来说是不公平的，但是我现在要用这个转盘，实现对游戏双方都公平，你觉得该怎么办？”学生一下子被我问住了，一分钟后，有一位学生小心地说：“老师，是不是可以修改规则呀？”我没有马上回答他的问题，而是问他：“你是怎么想到的？”

学生回答道：“小明转一次，小华转两次。”原来他发现了转盘中红色部分的面积刚好是蓝色部分的面积的两倍。其他学生点头赞同。

另一位学生说：“我觉得可以这样定规则，不管谁转到蓝色区域都加1分，转到红色区域都不加分。每人各转10次，看谁的分数高谁就胜。”……

最后，学生总结：使用不公平的转盘，只要我们修改一下规则，游戏就可以变得公平了。

这么办5

思想的创变

求异思维能打破常规，选择与众不同的角度，取得常规思维所达不到的效果，为课堂增添亮点。而求异的核心是激发学生的学习兴趣。教育心理学告诉我们：一个人只要体验一次成功的喜悦，就会激起百次的创造意念。

教师在教学语文《乌鸦喝水》一文时，利用多媒体动画形式表现《乌鸦喝水》的故事：“一只乌鸦口渴了，到处找水喝。乌鸦看见一个瓶子，瓶子里有水。可是，瓶子里水不多，瓶口又小，乌鸦喝不着水。怎么办呢?”学生讨论的结果是把小石子扔到瓶子里，瓶子里的水位升高了，乌鸦就喝着水了。

就在这时，一个学生站起来说：“我还有一种办法，只要用小石子敲掉瓶口，乌鸦就喝着水了。”

学生议论纷纷，一个学生说：“我对你的办法有疑问，瓶口被敲掉后，有锯齿状，乌鸦要喝水，不就被玻璃片割伤了吗？这办法行不通。”另一学生补充说：“而且，乌鸦在用石子敲瓶子的过程中，一不小心容易把整个瓶子敲碎，水全漏光了，乌鸦又怎么能喝着水呢?”

教师进行点拨性求异激励：“你们想得很周到，这些办法看来行得通，但得小心点才行。你们还有其他好办法吗?”

一个学生说：“乌鸦拍拍翅膀往远处飞走了，不久，它衔来一根麦秆，把麦秆插入瓶子里，对着麦秆吸起来，终于吸着水了。”

又一个学生说：“乌鸦绕着瓶子走了一圈，想出办法来了。它先衔走瓶子下的小石子，瓶子立即倾向一边，再用尽全身的力气去推瓶子，瓶子倒了，瓶底的水慢慢地流到瓶口，乌鸦低下头就喝着水了。”

…………

专题六 教学评价

评价，意为对人或事物所评定的价值。教学评价一般包括对教学过程中教师、学生、教学内容、教学方法手段、教学环境、教学管理等诸因素的评价，但主要是对学生学习效果的评价，包括诊断性评价、形成性评价和总结性评价。

怎么办 43

如何开展教学评价？

有教学活动就有教学评价。好的教学评价对学生学习既是一种情感激励，也是一种力量支持，还是一种方向指引，所以，好的教学活动离不开教学评价。不过，好的教学评价，教师不能仅仅把它理解为说好，还必须用好，只有这样才能换来学生的好评。那么，教师该如何开展教学评价呢？

这么办 1

全员评价

在传统教学中，评价是教师的“专利”，是教师“权威”的象征。学生学习情况的对与错、好与坏均是教师一“言”定音，学生经常处于被动甚至被忽视的地位。教师应该赋予学生评价的权利。全员评价是指除采用教师评价外，增加学生自评与互评相结合的群体形成性评价和学生所做的个体补偿性评价，学生可通过手势表示同意、补充、质疑等意愿，并鼓励学生评价教师。

教学“最小公倍数”课尾，一名学生用短除法板演“求12和36的最小公倍数”，答句写成“12和36的最小公倍数是$2\times2\times3\times1\times3=36$”。

我要求学生评价时，一名学生提出“1不能乘进去，因为1不是质因数”，而有的学生认为“1可以乘进去，因为用短除法求两个数的最小公倍数的方法是把所有的除数和最后的两个商连乘起来”。这一争论是一名学生在评价时，用求两个数的最小公倍数所用分解质因数方法来解释与另一个学生用短除法来进行运算出现矛盾而引起的。学生在辩论中逐步明白从不同的角度看问题会有不同的认识。

在这一情景的感染下，又有一名学生提出“用短除法求两个数的最小公倍数，是不是一定要两个数公有的质因数连续去除，能不能用两个数的公约数连续去除”的质疑，这又引起了一番争论，一直延续至课后。

学生在相互评价中，锻炼了语言表达能力、发现问题能力、辩论能力和合作能力等，强化了认识，深化了知识。

这么办2

全人评价

在传统教学中，教师仅注重学生学习结果的评价，忽视对学生学习过程的评价，这势必导致教师简单地根据学生的学习成绩、学习名次等来评价学生的学习质量，忽视了对学生在学习过程中的情感变化和闪现的创造火花以及实践能力的评价，导致学生走上只追求考分的歧路。教师应把评价的视野从学生的知识掌握程度、学习能力扩展到参与状态、交往状态和情感状态等领域，做到知、情、意、行综合评价，实现全人评价。

一名教师教学“十几减6”时，考虑到学生已经学过“十几减9”“十几减8”“十几减7”等相同结构的教学内容，已经有了相当丰富的知识背景，再加上课前预习，相当多的学生已具备类似知识的正迁移能力，基本理解了“十几减6”的解题思路，所以教师根据学生的学习情况，大胆采用让学生当小老师的方法，取得了成功。小老师的模仿性评价、学生的相互评价和教师的组织性评价较好地贯穿课中。

课尾，教师让学生给这堂课起个名字，有些学生喊出“我是小老师”，出人意料，但又合乎情理。对学生情感参与状态进行评价，这不失为一个好课题，是学生情与境融汇而成的创造。

所谓“全人”，即包括心智、情感、精神和心理力量等全面素质。由此，全人评价应评价学生学习过程中的认知因素（智力）、情感因素（如好奇、兴奋）以及体验因素（如自信、自律、自尊等）。（参看配套U盘视频：多方面评价学生①。）

① https://tv.sohu.com/v/dXMvMjQzMTAzMTczLzc4MDUzMDkzLnNodG1s.html. 北京城市广播“教育面对面”节目.

这么办3

全程评价

传统教学为了赶时间或追求高密度，往往采用即时评价，不留给学生思考或反思的时间；传统教学往往只注重对学生课内学习评价，忽视对学生课外学习评价。教师应采取全程评价。“全程”的特性是辐射性，也就是以课堂为中心，时间上向前后辐射，空间上向课外、社会、家庭辐射，全过程、全方位、全时空开放。由此，全程评价应对学生在不同时空、通过不同途径获取的知识进行整体性的科学评价。这样可以培养学生在任何时候、任何地方进行学习的意识和能力。

学生学习语文的过程是一个“知情意行”全面发展的过程，语文教学评价作为促进学生发展的工具，就要贯穿学生语文学习的全过程。

我采用全面积分的方法对学生进行全程评价：(1) 对上课积极思考并发言的学生，给予加分；(2) 对积极参加各种竞赛活动的学生，给予加分；(3) 对课外进行调查、收集资料的学生，给予加分；(4) 对实践活动课上参加活动、提供资料的学生，均给予加分；(5) 对在手抄报制作中能为其他同学提供帮助的学生，给予加分；(6) 对在各种刊物上发表作品的，给予加分。

我还为每一个学生建立“学习档案袋”：(1) 将学生参加课内、课外活动所完成的作品、收集的资料放入档案袋中，作为综合测评的依据；(2) 学生在校评价表一张，有自评、组评、教师评；(3) 学生在家评价表一张，让家长记录学生在家学习语文的情况，例如看电视的时间、看课外书的数量、郊游的次数、公益活动的次数等；(4) 能表示学生进步的作业、试卷等。教师对学生的学习档案资料和考试结果进行分析，客观地描述学生学习的进步和不足，并提出建议，用最有代表性的事实来评价学生。①

① 张瑾．注重学生发展过程，贯彻实施全程评价［J］．考试周刊，2011（02）：74.

这么办4

全面评价

美国管理学家布鲁姆认为："人的积极性的发挥与他的期望及其所达到的效价密切有关，即积极性 = 效价 × 期望概率。"效价是指达到的目标对于满足个人需要的价值；期望概率是指判断行为能够导致某种结果和满足需要的概率。教师可以把提高效价和提高期望概率结合起来，实施全面评价，调动学生学习积极性。

只有充分使教师"变教为诱，变教为导"的主导作用和学生"变学为思、变学为悟"的主体积极性得到最佳组合，引进各种激励机制，才能提高教学效率，疏通提高期望值的主要渠道。

例如创设"问题情境"（如讲故事、做游戏、设悬念、解决实际问题），诱发学生学习动机；引入竞争意识（如比赛、评比），调动学生学习积极性；及时处理反馈信息，恰当表扬奖励，激励学生学习热情；调动情感因素，增进情感交流，使学生喜爱学习；培养坚强意志（如提供榜样、进行挫折教育），以延续学生学习积极性。

这么办5

全力评价

教学要实现全力评价，一是教师要评得"情真"，二是教师要评在学生"意切"。教师应该全力支持和鼓励学生，尤其要真情为一些普通学生的不普通表现全力点赞，为他们的些许进步全力喝彩。

有一位六年级学生第一次练习成绩是64分，第二次练习成绩是72分，为了激发他的学习热情，我把他的变化编成相关应用题："我班同学第一次练习成绩是64分，第二次练习成绩提高了$\frac{1}{8}$。他的第二次练习成绩是多少分？"来代替较复杂的分数乘法应用题教学。通过这种寓赞于教的方式，这位同学的学习较之前更加认真，学习成效也明显提高。

教师还应该把评价放在当时需要重点和大力倡导的行为上。如对一个平时不敢主动发言的班级，教师就应该抓住每一次机会对积极发言的学生及时表扬，激励其他学生及时跟进。当学生都能主动发言后，教师的好评就应该转向，进而对敢于质疑的学生全力好评，引导学生在教师新的评价中有新的追求。

怎么办 44

对学生如何进行即时评价？

课堂即时评价是指在特定教学环境下，教师对学生的学习状况进行及时反馈的教学行为。课堂即时评价是教学的重要组成部分，它是课堂教学的催化剂与调和剂。教师应根据即时评价的具体情况，调整自己的行为或调整教学的进程。那么，教师对学生该如何进行即时评价呢？

这么办 1

“不经意”时评价

学生的奇思妙想常常发生在教师的不经意间，让有些教师不知所措，于是就使用“是啊”“很好”等模糊措辞来一言带过，以求在学生的不经意间仍然“回归”教学预案。其实，教师不妨通过灵活的即时评价，借用学生这些奇思妙想来与教学预案自然并有效地“接轨”。有时，在教师“不经意”间发生的事情需要教师很“在意”，以此来琢磨学生的“语意”，理解学生的“心意”。

一位数学教师教学二年级“角的认识”时，先让学生把用两根红色小棒组成的活动角学具叉开一些，再让学生说一说这样变化后的感觉。许多学生都认为“角变大了”，这一观点也正是教师需要的答案。突然，有一个学生说：“现在这个角像花一样开放了。”这一回答让教师很惊讶，于是也就顺着学生即时评价道：“是啊，是像花一样开得很鲜艳。”

其实，除了顺着学生的话语重复一遍，教师还不妨追问学生：“你为什么认为现在这个角像花一样开放了呢？”估计学生就会说出“因为这个角变大了”之类的数学语言，这不就正符合本课的中心思想吗？

这么办2

“不注意”时评价

学生上课开小差、分神发呆是经常会发生的事情，原因比较多，它与学生学习意愿低、学习目标不明确和学生的睡眠质量差、劳逸结合程度低等有关，当然还与教师课堂的组织方式不当密切相关。如果是学生原因的“不注意”，教师应该通过即时评价提醒学生注意。

一节课上，两个学生闹别扭，小组讨论时，男孩就是不肯参与。我走到男孩的身旁，俯下身子，询问他原因。见他没吱声，后排的学生告诉我，他们同桌两个性格不合，几乎天天闹矛盾，为的却都是一些小事。

于是，我贴到男孩耳畔，轻声说：“你知道世界上最宽广的是什么吗？”男孩被我的问题问住了。“是男孩的心胸。你是男子汉，所以要多多包容女孩子。”然后，我示意让男孩拍拍胸脯，自我暗示：“世界上最宽阔的，是我的胸怀。”男孩照做后，皱在一起的眉头舒展开了，化为一字眉，多美的一张笑脸啊！①

如果是教师的原因导致学生开小差，那么教师就需要反思和改变自己形象或反思和改变自己的教学方式，努力找到学生学习的“兴奋点”乃至生命的“成长点”，匹配它，激发它，放大它，最终让学生在喜欢你的人和喜欢你的课中自

① 曹新燕．儿童视角，照亮儿童［J］．教育视界，2021（16）：63.

觉改变学习状态。（参看配套U盘视频：俞敏洪应学生的请求在课堂上点评大佬的英语水平①。）

这么办3

“不如意”时评价

在课堂上，学生的学习积极性经常会让人“不如意”。当学生学习热情不高时，教师就可以通过即时评价，或激励，或渲染，或引导，或提问，让学生在愉悦的学习氛围中迅速调整自己的学习状态，以更加饱满的热情投入课堂学习中。有时，教师的“不如意”并不可怕，可怕的是教师不会“见风转舵”导致教学缺乏“软着陆”的弹性。

教学语文四年级《猫》一课时，教师发现学生阅读的兴趣并不高，于是通过即时评价来调动学生的学习情绪，引导学生以自身的经历去深入文本：“同学们，你们养过小动物吗？都养过哪些小动物？”

学生们马上七嘴八舌地说了起来，随着学生的回答，教师即时评价道：“大家都很喜欢小动物，怎样才能把自己喜欢的小动物介绍给别人听，让别人也与你一样感受到小动物的可爱呢？老舍先生是这方面的高手，接下来我们就一起去看看老舍先生是怎样表达自己对小动物的情感的。”教师具有启发性的引导很快把学生带入兴趣盎然的阅读之中。②

这么办4

“不满意”时评价

在课堂上，有些学生的表现让人不甚满意，但有时候这样的“不满意”并非纪律问题，而可能是学生遇到了知识上的困惑或学习上的障碍。此时，教师的即时评价应能够对症下药，给予有针对性的指导和帮助。此时，这样的“不满

① https://www.ixigua.com/6800178042732806670?fromvsogou=1&utm_source=sogou_duanshipin&utm_medium=sogou_referral&utm_campaign=cooperation. 王小小二的个人主页——西瓜视频.

② 王飞嫦. 即时评价的三个关注点［J］. 小学语文教学，2022（05）：64.

意”或许还可成为教学的契机。有时，教师的“不满意”中孕育着教学的“春意”，在教师的埋怨之下或许埋藏着教学的“暖意”。

在教学数学四年级“倍数和因数”时，学生用乘法算式寻找3的倍数，教师根据学生回答板书“3×1=3，3×2=6，3×3=9”后，刚想顺此提问“3的倍数写得完吗？写不完怎么办？”时，发现有一位女生没有像其他学生一样及时停笔后端坐着听他讲解，而是还在埋头继续不停地写着3的倍数。

教师提声问这位女生：“你写完了吗！”这位女孩一惊，知错地低声答道：“写完了。”教师又问：“那怎么还在写？”教师看到该生停笔后全体学生都聚精会神了，才按照预定方案接下去让学生思考：“一个数的倍数写得完吗？”学生齐声答道：“写不完。”教师追问：“写不完怎么办？”有学生答道：“可以用省略号表示。”

在上述案例中，“一位女生还在埋头不停地写”并不是教学的异端，而是学生真实情感的自然表露。此时，教师应该让这位学生说说“还在不停地写”的理由，在这一学生没完没了的动作中借机引入“一个数的倍数写不完，可以用省略号表示”，这样教学就成了学生迫切解决难题的需要。教师不应该把学生“吓”住，强行终止学生正常的学习行为。

这么办5

“不同意”时评价

在课堂教学中，经常会有一些学生有与众不同的见解，对此，教师既要允许学生大胆表达，又要严格甄别，努力保证“教学内容的价值取向”与“学生独特体验”的统一。特别是当学生的独特体验和见解与时代和民族倡导、推崇的主流价值观发生矛盾时，教师应该给予“不同意”的即时评价，不应做放任自流的旁观者或毫无价值倾向的中立者，必须在尊重学生的同时积极引导，为学生的健康成长保驾护航。

教学语文《狐狸和乌鸦》一课，教师提问：“学习了这则寓言故事后，你懂得了什么？”一位学生说：“我懂得了乌鸦很傻，好不容易找回来的肉，又被狐狸骗去了。”另一位学生说：“我懂得了如果我们爱听奉承话，就容易受骗上当。”还有一位学生说：“我懂得了狐狸很聪明。我们要学习狐狸，要想得到一种东西，就要会讨好人、奉承人。”……

其中，“我懂得了狐狸很聪明。我们要向狐狸学习，要想得到一种东西，就要会讨好人、奉承人”这种体验和见解，背离了我们传统的诚信待人的处世之道，与当今所倡导的构建诚信社会的主流价值观相违背，教师就应该即时评价，对学生说“不”，进行正确的思想引导。①

怎么办 45

对学生如何进行延迟评价？

延迟评价遵循评价的过程性原则和发展性原则，不仅关注学生的学习结果，更关注学生在学习过程中的发展和变化，这种评价方式能恰当呈现并合理利用评价结果，发挥评价的激励作用，保护学生的自尊心和自信心，同时还具有反思功能，可引导学生改进学习。那么，教师对学生该如何进行延迟评价呢？

这么办 1

等一下

我们常说“教学是一门艺术”，其实教学首先是一门时间上的艺术。教学过程中，由于课堂时间紧张，教师往往在提出一个问题之后，就希望和要求学生能够立即回答，由于没有足够的思考时间，因而答问质量不高。对此，教师一是要

① 潘小平. 对学生“独特见解”之见解［J］. 小学教学参考，2008（24）：72.

允许学生延迟回答，二是要对学生的回答延迟评价。

导入环节 Think and guess 这一活动，我的操作过程是：先整体呈现四幅图，紧接着让学生运用“be going to…”逐个猜图片中的人物在做什么，学生每猜一次，我就立刻用“Yes/No”来评价，并点击 PPT 揭晓答案，整个环节只有几位英语水平比较高的学生参与。

沈老师的操作过程是：先整体呈现 PPT 上的四幅图片，让他们先分组讨论图片中的人物分别打算做什么，然后请同学猜，学生猜完，也没有立刻揭晓答案，而是对学生进行“延迟评价”，学生每猜一次，她都“狡猾”地说“Maybe”，待几乎所有的学生都用“be going to”猜了一遍之后，沈老师才出示第二张 PPT 逐图揭晓答案，沈老师没有自己说“Yes/No”，而是用“Who got the right answer?”让全体学生判断之前哪位同学猜对了，整个环节课堂气氛热烈而有序，参与的学生面很广，而且同学们为了能判断出谁猜对了答案，听讲也非常认真。[①]

时间上延迟回答的好处包括：（1）学生回答问题的长度增加了 400% ~ 800%；（2）学生主动且正确回答的数量增加了；（3）学生回答错误或失败的数量减少了；（4）学生的自信心增加了；（5）学生更主动地、自发地提出问题；（6）较差的学生也比以前贡献得更多（增加 1.5% ~37%）；（7）产生了各种各样的回答——创造性的思维增加了；（8）纪律问题减少了。

另外，学生在回答问题时，教师也不必急于要求学生能够一下子回答正确，可以让学生在相互补充、相互纠正、相互辩论中逐步完善回答。由此可见，教师对学生的延迟评价还可以培养学生自我评价能力，实现学生的矫正学习。（参看配套 U 盘视频：慢教育[②]。）

这么办 2

补一个

每一个学生都想成为自立的人，在他很明显地表达出需要帮助前，教师可以先按兵不动，延迟评价，不妨补充材料、形成对比，让学生自己发现问题、改正

① 夏颖．擅用“延迟评价”的教学小技巧［J］．小学教学设计，2019（27）：62.

② https：//www. xinpianchang. com/a11120598. 新片场．

错误，才是上策。

总结出“除数是整数的小数除法”计算法则后，学生练习“1.69÷26”。有位学生的计算结果是6.5。这一结果显然是错误的，但教师并没急于评价，而是不声不响地补了两道习题“16.9÷26”和“169÷26”。学生完成后，顿时醒悟并知道了自己的计算错误在于“商的小数点没有和被除数的小数点对齐”。

紧接着，教师让学生比较“25.5÷6”“86÷16”“1.69÷26”这三道题中商与1的大小关系。一位学生说：“被除数前两位比除数大，商就比1大。”另一位学生说：“被除数的整数部分是两位数，商就比1大。”这时，教师又没有急于评价，而是默默地看着学生，好像在期待着什么。这时，有一位学生说：“老师，对第一位同学的说法，我觉得她讲得不太准确，只要直接说‘被除数比除数大，商就大于1’。对于第二位同学的说法，如果计算25÷25，商等于1而不大于1，说明他的讲法是错误的。”又有一位学生说：“当被除数小于除数时，商就小于1。”同学们纷纷点头。

这么办3

将一军

延迟评价源于美国创造学家奥斯本倡导的“智力激励法”。当课堂上出现一些生成性问题，特别是一些开放性问题，或者教师一时难以回答的问题时，教师可以采用延迟评价，把“球”抛给其他学生，看看大家对此问题的反应和反映，凝聚集体的力量，激发集体的智慧，解决问题。

教学杜牧的《山行》这首诗时，有学生提出“白云生处有人家”的“生”应该是“深”，教师没有马上回答学生的疑惑，而是把疑问抛给了其他学生。

学生各抒己见，赞同用“深”的学生说：“有白云缭绕的地方，山一定很高，是深山老林，该用‘深’。”有的学生还引用了另一句诗来说明：“‘只在此山中，云深不知处’与这里的‘白云生处’意思是一样的，都说明山很高。”赞同用“生”的学生，有的说：“用‘深’太死板了，白云缭绕，白云在升腾，在飘浮，好像有生命力一样。”还有的说：“‘有人家’让人想到炊烟袅袅，虽然是深山，但也充满生机，没有一点儿死寂的迹象。”……

这么办4

送一程

当学生提出预设之外但角度新颖的问题或要求时，教师不妨采用延迟评价，使之发展与延伸，由此创造思想的高点和教学的亮点。

我在教《小珊迪》一文时，很多学生客观地对小珊迪进行了评价，此时有一位学生突然站起来说："老师，我想给小珊迪画张像，永远把他留下来。"我迟疑了一下，说："好啊，你想画一个怎样的小珊迪？如果画小珊迪的肖像，你准备用什么颜色？怎么画？"学生静思默想，数分钟后交流反馈。

一位学生说："我想画小珊迪的外貌：一头蓬乱的头发，又长又脏，身体瘦瘦的，蜡黄的小脸，一身破烂不堪的衣服。因为他常吃不饱，穿不暖。"

另一位学生说："我选小珊迪被抬回家后躺在一张破床上和小利比说话的场面，我觉得这个场面最令人心酸。"

一位学生说："我选黑色来画，因为小珊迪很脏。"

另一位学生说："我想用白色。我想用白色来表现小珊迪那颗纯洁的心灵。"

还有一位学生说："我认为用金色好，因为小珊迪的精神是最可敬的。"

在这个环节中，我抓住学生的"给小珊迪画张像"这一稍纵即逝、适度开放的问题，进行延迟评价，使学生对小珊迪的情感再次升华。①

这么办5

留一手

苏霍姆林斯基说："不应当把知识的评定作为某种孤立的东西从教育过程中分离出来。只有当教师和儿童之间的关系建立在互相信任和怀有好意的基础上时，评分才能成为促进学生进行积极的脑力劳动的刺激物。"100分，是后进生想也不敢想的分数，怎样才有可能让后进生也尝到获得100分的滋味？有一种做法是延迟评分，留一手，给学生希望。

① 陈素芳. 延迟评价让学生亮出自我［J］. 小学语文教学，2007（12）：36－37.

有一位教师对出现许多错误的后进生作业，不急着评分，而是先让后进生去订正。教师对学生的错题用“＼”表示，错字用“冂”标出，学生订正后教师再把“冂”封上口补成“□”、再把“＼”添上一笔补成“√”。什么时候全订正好了，什么时候就写上红红的“100 分”。

虽然有的后进生需要订正三四遍才能完全做对，但是，当他们和其他学生一样获得100 分时，同样很兴奋，他们感受到了订正的作用，体会到了“知错就改”的快乐，感受到了付出努力的乐趣。更重要的是，他们重新认识了自我——我并不比别人笨，别人能办到的事，我通过努力同样能办到。自信心有了，他们同样可以大大方方地将作业摆在课桌上，高高兴兴地拿回家给父母看。这样，后进生订正作业更主动、更积极了。因为，他们都盼望着早点得到那个红彤彤的“100 分”。

怎么办 46

如何发挥教学反馈功能？

教学是师生之间“你来我往”的双向活动，教师需要从学生那里获得信息输入与信息输出有没有衰减、有没有偏离甚至有没有异变的反馈，学生也需要从教师那里获得自己学习情况的反馈，以能够及时对此前的学习进行强化、调整或修正。那么，教师该如何发挥教学反馈功能呢？

这么办 1

"玩家思维"式反馈

游戏让人上瘾的最核心原因，是提供了日常生活所少有甚至没有的及时反馈，让大脑随时都能兴奋起来。有时候，学生受制于学习水平，会缺乏"自知之明"；有时候，学生受阻于知识水平，会缺乏"自治之力"，所以，及时的反馈很重要。

"钉子板上的多边形"一课，学生在及时反馈中获得了及时反思，知识学习越来越深入：

首先想到"图形边数越多，面积越大"，得到的反馈是结果不正确，反思的结果是应该关注"边上钉子数"；随之由少到多探究时，在"形内钉子数为1"的情况下，发现"多边形的面积数是边上钉子数的一半"，结果到"形内钉子数为2，3，4……"的情况时，得到的反馈是结论又不正确；如此像游戏一样"步步惊心"的即时反馈——"怎么又不对"，强烈激发了学生的好奇和探究的劲头儿，终于明白形内钉子数与多边形的面积也有关系，发现了规律。

学生在庆祝之时，我在结论后面又打了个"?"，反馈给学生新的探究任务：为什么形内钉子数多1，多边形也就多1个面积单位？对此，我通过多媒体动态演示（见图1），让学生看到其中的奥秘。

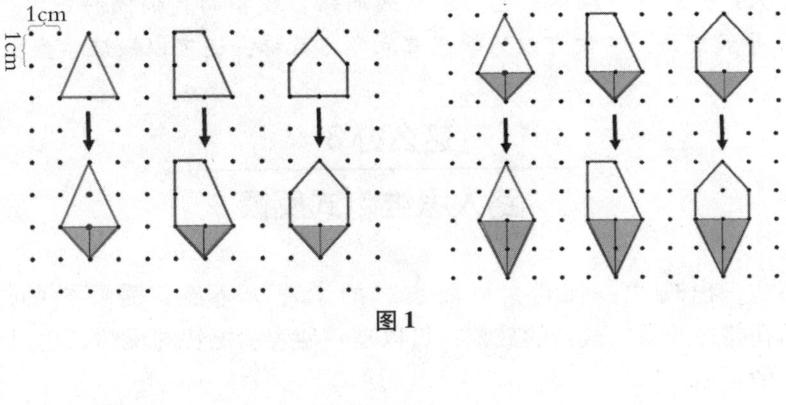

图 1

这么办2

“牧童思维”式反馈

美国作家弗格森说：“谁也无法说服他人改变，因为我们每个人都守着一扇只能从内开启的改变之门，不论动之以情或晓之以理，我们都不能替别人开门。”学习是学生自己的事，教师只能给予学生指导。在学习之前，教师应该反馈给学生这样的信息：教师的身份只是“指路人”，方法得学生自己想，教师最多提醒一些“注意事项”。

指导也是一种反馈，但只有被学生所接受，才会产生影响作用，所以，怎样指导很重要：第一种是“牵”，第二种是“领”，第三种是“推”。

虽然“领着走”胜于“牵着走”，但本质上仍是被动学习。那“推着走”是否就一定是自主学习了呢？我认为，未必。正如作家迟子建在《额尔古纳河右岸》中所说：“没有路的时候，我们会迷路；路多了的时候，我们也会迷路，因为我们不知道该到哪里去。”“推着走”的学习尽管给了学生走的自由，但可能学生“不知道该到哪里去”。法国人文主义思想家蒙田说：“没有一定的目标，智慧就会丧失；哪儿都是目标，哪儿都没有目标。”

我认为，教师对学生的学习还可以有第四种作用方式，那就是“指”——“牧童遥指杏花村”，这样反馈给学生的如爱尔兰剧作家萧伯纳所说：“我不是你的教师，只是你的一个旅伴而已。你向我问路，我指向我们俩的前方。”教师这种“指”导式反馈，不仅可以为学生确立学习目标，还可以锻炼学生自主学习。

这么办3

“路人思维”式反馈

为了防止出现“一而再，再而衰”的学习厌倦感，需要教师的一种反馈——站在路边鼓掌。教师的鼓掌，可以是一种表示祝贺的反馈，也可以是一种表示祝愿的反馈。

在学生学习顺利的时候，掌声可以反馈给学生“离成功不远了”的信号。哈佛商学院教授特蕾莎·阿马比尔发现76%的人向目标前进时最愉快，尤其当旁人对你赞赏和支持时，喜悦和满足还会被进一步放大。

一天自习课上，我发现有位学生在睡觉，于是我走到他跟前轻轻叫醒他，请他为大家背诵《约客》，他吃了一惊，说没背下来。自习快结束的时候，他举手说："老师，我背下来了。"听着他小声但准确地把《约客》背完，我忍不住鼓起了掌，教室里紧接着也响起了掌声。

从此，掌声成了我们的一个暗号。掌声不仅属于成绩好的学生，更属于每个有进步的学生。从心底发出的无声语言，要胜过口头说出的千言万语。①

另一种情况是，在学生学习不顺利的时候，教师的掌声可以反馈给学生"撸起袖子大胆干，别怕，有我呢"的信心。我们要相信反馈的力量，《一分钟经理人》一书中写道："人之所以会改变，是因为他得到了反馈。"（参看配套 U 盘视频：比尔·盖茨 TED 演讲：老师需要真正的教学反馈！②）

这么办 4

"教练思维"式反馈

华东师范大学袁振国教授说："在新教学模式和新教师教育培养模式领域的改革意味着教师将更像是教练。""教练"更说明教师的指导者身份，除了指明前进的方向，还要帮助学生解决前进中的困难。

汤姆去见老师德怀尔："老师，这段时间我正在做个项目，我却似乎找不到任何动力来完成这项工作。"

"你给火里添根柴。"德怀尔说。

汤姆添了五根柴火之后，德怀尔才说道："你有五根柴火可用，当你感觉到火即将熄灭时，你问自己五个问题：是什么促使你开始？你的目标是什么？今天你能学到什么？现在可以采取什么行动？与哪些人相处会受到他们的良好影响？"

汤姆听了，紧蹙的眉头终于舒展开了："我有事情要去做了，我能感觉到心

① 杜兴梅．为学生鼓掌［J］．四川教育，2011（05）：1.

② https：//weibo. com/tv/show/1034：3164e89b7009335a61dafd6f70a30910？from = old_ pc_ videoshow. 口袋英语笔记的微博——微博．

中有一团火正在燃烧。”

在教习中，教师也要及时添加“柴火”，在帮助“无心”的学生回顾学习目标、帮助“无力”的学生展望学习愿景的情形下，还要进一步帮助“无法”的学生调整学习策略、帮助“无助”的学生寻找学习资源……

那么，好学生需要教师这个“教练”吗？我们只需要思考：为什么世界排名第一的网球运动员、高尔夫运动员、象棋运动员还需要教练？他们自身的水平不是足够高了吗？答案是，教练的作用是从旁观者的角度来帮你认清自己。当局者迷，人要认清自己是最难的。哪怕是好学生，依然需要“教练”的及时反馈和及时指导。

这么办5

“导演思维”式反馈

导演在撰写剧本时，一般都会把高潮放在结尾，让观众经历“高峰体验”，以能达到回味无穷的效果和获得好评如潮的反馈。在教学中，如果教师也想获得学生好评的反馈，那么就不能只重视“首因效应”，开好头；还应该重视“近因效应”，收好尾。在一节课即将结束时，让学生看到知识的有趣、有劲、有料和有用，这样的“高峰体验”反馈给学生的不再是学习的苦闷。

在教学地理“全球气候变暖”时，我做导演，让学生扮演不同的角色，有伐木公司董事长、巴西当地政府官员、联合国秘书长、中国的学生等，共同围绕“亚马孙热带雨林是应该开发还是应该保护”这一议题进行讨论，设身处地地思考在防治全球气候变暖方面应该做些什么。

在热烈的讨论和激励的辩论中，学生提出了很多合理化建议，充分展示了运用所学知识解决实际问题的能力。“一节课，一群人，一台戏”，导演出了生动活泼的教学效果，也导演出了学生一致好评的教学反馈。

怎么办 47

学生如何学习反思?

我国传统文化比较看重反思，视之为学习的基本方式。反思性学习是学生自主学习的重要表现，是自我教育的开端。学生学会了学习反思，就可以更好地实现“自我导向、自我激励、自我监控”的自主学习。那么，学生该如何学习反思呢?

这么办 1

反思知识“怎么来的”

反思不只是处理“是何”（what)、“如何”（how）的问题，更是处理“为何”（why)、“若何”（what if）的问题。知识是用于解决问题或决策的经过整理的易于理解的结构化信息，它以知识元、知识点、知识块、知识区、知识类、知识群等知识单元形式生长着。相比于文科知识，理科知识的生长性体现得更为淋漓尽致。学习反思时，教师应引导学生反思知识“怎么来的”以达到吃透知识的目的。

时间的单位是“时”，角度的单位是“度”，从表面上看，它们似乎两不相干。然而，它们都可以分成“分”“秒”这两个名称相同的小单位，这只是巧合吗？另外，它们都用六十进位制，这又是巧合吗?

如果追溯到它们的知识原理，我们就会发现它们都源于地球的自转，地球的自转就涉及角度和时间，在生活中的应用就是历法。因为历法需要的精确度较高，于是不约而同地产生了“分”“秒”这两个名称相同的小单位。至于它们都用六十进位制（严格地说是六十退位制），都是为了能够更好地解决生活问题。因为“在100以内的自然数中，60的因数最多”，在遇到$\frac{1}{3}$时，换算的结果就不会出现无限小数。当学生知道了这一知识原理后，也就知道了时间和角度“本是同根生”。

这么办2

反思知识“怎么变的”

反思不仅仅是返回到本节课的学习，还可以返回到前几节课的学习，对之前的知识进行重新思考，“再次思考某个想法，或者改变你对它的看法”。这样的学习反思，可以让学生找到那些看似零碎、孤立的知识中隐藏的变化线索。一旦知识得到沟通之后，就会便于学生举一反三，变出越来越多的知识。

学习了“梯形的面积计算”，“返思”前几天学过的“三角形的面积计算”“平行四边形的面积计算”这几节课，学生就可能发现梯形面积计算公式“$S=(a+b)h\div2$”，当 $b=0$ 时，“$S=(a+b)h\div2$”就成了三角形面积公式“$S=ah\div2$”，当 $a=b$ 时，“$S=(a+b)h\div2$”又成了平行四边形面积公式“$S=ah$”。

学习了“圆环的面积计算”，回想前一天学过的“圆的面积计算”这节课，学生可能会发现当 $r=0$ 时，圆环面积计算公式“$S=\pi(R^2-r^2)$”就成了圆面积计算公式“$S=\pi R^2$”；如果让学生再“返思”前几天学过的“梯形的面积计算”这节课，学生又可能会发现把圆环化曲为直后，圆环面积也可以用梯形面积计算公式进行计算。

这么办3

反思知识“怎么用的”

学习之后的反思，从一定程度上说确实是总结，但此时的总结不能只是整理与复习，还需要提升与拓展，“只要儿童没能对自己的活动进行反思，他就达不到高一级的层次”。杜威将反思称为“反省思维”，并认为，“这种思维乃是对某个问题进行反复的、严肃的、持续不断的深思”，这样对知识如何应用的认识可能会更加深刻。

学习“负数的认识”后，我们让学生反思：温度计和货运单这两种负数的生活应用，哪一种更能体现负数的起源？

学生经过反思，发现货运单更能体现负数的起源——基于实际运算和表征的需要。但同时发现温度计在生活中更为熟悉，并能直观看到按序排列的正负数，还有助于解决这样的认知困惑：“0 已经表示什么都没有了，怎么还有比它小的负数?”明白“0”不仅可以表示“没有”或“起点”，还可以是正数和负数的分界点。而货运单中数量的增加或减少是在某一个数量基础之上发生的后续性变化，也就是说它的原点是相对的或动态的，而代数中的原点“0”，它的位置是恒定不变的。另外，温度计的好用还体现在：可以借助多媒体消隐物象，把温度计抽象成数轴，为以后学习有理数知识提供很好的生长土壤。

这样的学习反思，显得非常深刻，可以看到原来学习时所没有看到的内容。

学习反思，对知识“怎么用的”有两个考察方向：一是知识在日常生活中的应用，二是知识在后继学习中的应用。不论如何，它们都有助于学生看到知识的价值，获得学习的动力。（参看配套 U 盘视频：知识就是力量！法医学霸大三助警方破案①。）

这么办 4

反思知识“怎么记的”

学习反思，有助于学生记忆知识。如果能够反思知识“怎么记的”，那么这样的学习反思更会有助于知识的记忆。其中，最常用的知识记忆方法，就是明白知识的发生与发展，以及知识的运用和应用。当然，教师还可以思考如何借用工具或媒体帮助记忆知识。

手是学生学习的帮手，手指长度可以帮助记忆关于度量的知识，手指根数可以帮助记忆关于数量的知识，手指间隙可以帮助记忆关于间隔的知识，手指重合可以帮助记忆关于对称的知识，等等。

已知长方形的周长和长（宽），求宽（长），学生容易出错，我们也可以用

① https：//haokan. baidu. com/v？ pd = wisenatural&vid = 3121500738884660992. 江苏教育电视台“荔枝起跑线”节目.

手帮助记忆（见图1）：用食指代表长，大拇指代表宽，两手配合围成一个长方形，周长除以2时，便拿掉一只手；再减去长（宽）时，可以用去掉食指或大拇指表示。

图1

除了借助工具记忆知识，教师还可以借助情景记忆知识，把原本不相关的但要记忆的内容设计成一定的情景组合在一起，让学生之后能够触景生“知”。

小学英语六年级 Unit 7 Protect the Earth 的教学，这一单元在单词方面的教学目标是让学生能听懂、会说、会读、会写单词：protect，Earth，save，useful，waste，reuse，energy，most，coal，oil，wood，plastic 等。但是由于小学生对于这些单词都比较陌生，单纯地让他们记忆、拼写很难引起他们的学习兴趣，这时就可以采用情景教学法，让学生去想象地球上的资源都有什么，然后给同学们讲述地球资源被破坏的程度，展现地球被破坏后的画面。学生在强烈的视觉冲击下，再进行思考怎样才能保护地球，怎么样才能成为一名保卫地球的环保小卫士，并用本课学习的单词来进行表达。然后教师带领学生一起总结出具体的步骤：①We know how to protect the Earth. ②We know the use of them. ③We know the problems of them. ④We know the solutions of the problems. 让学生在英语表达中强化了对单词的记忆和运用。[①]

这么办5

反思知识“怎么学的”

达尔文指出：“最有价值的知识是关于方法的知识。”学生在反思时，除了要反思“知识是怎么回事”，还要反思“我是怎么学的”，也就是除了反思知识

① 戴丽琴．巧用情景教学法，提升单词记忆教学实效［J］．小学生（中旬刊），2018（02）：78.

方法，还要反思学习方法，甚至学习态度，以能够更加全面、深入地了解自己的兴趣特长、认知取向、薄弱环节，从而设计最适合自己的学习条件和方法。

“小数的再认识”一课教材的编排方式与“小数的初步认识”如出一辙，都是采用“生活应用→数学发现”的路径。

学习反思时，考虑到有了“小数的初步认识”的根基，我们不妨把“小数的再认识”一课改变成“数学发现→生活解释”这样的学习方法：根据已知的“一位小数表示十分之几”猜想出“两位小数表示百分之几、三位小数表示千分之几”……然后回到购物和测量情境中寻找生活依据，与教材例题正好对接。如此学习思路似乎倒了过来，实际上恰恰是对“小数的初步认识”学习反思结果的顺应。

如果学生经常能够反思知识“怎么学的”，不仅有助于掌握知识，而且有助于掌握知识的学习方法；不仅有助于实现自主学习，而且有助于实现自主设计学习。

怎么办 48

练习内容如何选择？

教师要想知道学生学得怎样，就必须让学生把自己的所知所获表现出来，其中最常用的做法就是通过练习来反映学生的学习情况。练习是教学的一个重要环节，练习的设计和运用直接关系到教学的效果。教师必须提高练习对学生的吸引力，把一些单调、单纯、单薄、单干、单轨的练习变成善变化、有内涵、能挑战、可合作、多联系的练习。那么，练习内容该如何选择呢？

这么办1

设计“恋”习

为了使学生喜欢练习，教师应该努力把原本冷冰冰的题目变得“含情脉脉”，例如设计这样的数学练习题：“睡眠可以使大脑更好地休息，少年儿童每天应保证9~10小时的睡眠。如果小红星期一早晨必须在6：30起床，她星期日晚上几点前睡觉比较合适。”要比那种单纯的计算时间的练习题温暖得多。

另外，在形式上，学生普遍喜欢能实践的练习，在内容上，学生普遍喜欢能实用的练习。

对于八年级上册新闻单元的练习设计，我采取活动探究的形式，根据学生能力层次，逐层设计为3组活动探究作业：（1）阅读新闻，要求学生选择《人民日报》中自己喜欢的版块，进行新闻阅读的分享与交流；（2）采访新闻，要求学生准备采访提纲，走出校门采访身边的“新闻人物”，形成小组采访汇报；（3）学写消息，根据自己小组采访的素材，完成一篇消息，最后进行新闻播报比赛。①

这种实践性、应用性练习还可以放到真实情境中，检测练习题的真实结果。例如收获观众好评的广东卫视观察类节目《你会怎么做》，节目组经常设计“实景练习”来观察“你会怎么做”的答题情况。（参看配套U盘视频：“你会怎么做”节目组设计“题目”观察路人反应②。）

这么办2

设计“连”习

在教学中，练习并非每天都要布置，也并非都须一次完成。教师可以开发它的连续功能，使练习成为“连续剧”，让学生觉得意犹未尽，而这种意犹未尽又

① 王静怡．统编初中教材单元练习设计的优化途径［J］．中学语文教学参考，2022（15）：42－43.

② https：//v. qq. com/x/cover/tr1t57x2z5f938o/l07528g9df9. html？ n_ version＝2021. 广东卫视《你会怎么做》节目.

可能会成为新的学习、新的练习的驱动力，吸引学生再次进入知识的探究或知识的复习状态。

一位一年级教师在教学拼音时，要求每个学生的手中都要有一本“拼音台历”，并且每天晚上睡前准备2~5个拼音（可以是三拼音、两拼音或者是整体认读音节）。因为台历本是翻页活动的，所以在拼读之前学生要把声母、韵母整理摆好，这是一个记忆拼音的过程。当学生在摆弄拼读拼音时又是一个将拼音整合在一起的练习过程。

为了让练习更加有趣，教师告诉学生，可以在台历本上设计美丽的图案，涂上丰富的颜色，并写上自己的姓名和班级。①

这么办3

设计“联”习

练习设计可以采用题组形式，还可以使之具有联合功能。面对原来孤立、简单的习题情景，教师有时可以编一个“故事”，随着情节内容的发展把题组练习变成一个“情景联合体”，也就是有一条合乎常理的生活线索贯穿其中。这个“情景联合体”的练习，可能需要学生综合运用知识。

在学生学习了“长方体和正方体的体积计算”之后的练习中，我们可以由一道单纯的体积计算问题演变出众多与实际情景相关的实际问题。

①香草苑小区为了使居民有更多的活动场所，小区物业管理部门决定在小区内挖一个长40米、宽30米、深2.5米的游泳池。请你帮忙算一下，挖这个游泳池需挖掉多少泥土？如果每次用能载20立方米的汽车来运土，需运多少次？

②在挖出了泥土后，还需要在它的四壁都贴上瓷砖，请你帮忙算一下，贴瓷砖的面积是多少平方米？

③根据实际需要，游泳池的底面要铺上防滑地砖，现有边长分别为30厘米、50厘米、60厘米的三种正方形地砖，你认为应选择哪一种地砖最佳，为什么？一共需要多少块这样的地砖？

---

① 余向阳，陈宝铝．精心设计，促进“减负提质”——“双减”政策下小语作业设计的“冷思考”[J]．语文教学通讯，2022（15）：79－82.

④为了保证居民的安全，还要在游泳池的四周围上栏杆，请你帮忙算一下，栏杆的长度是多少米？

⑤在建好游泳池后，现在要往游泳池内注水。如果要使池内水深达1.6米，按照每立方米水价3.6元，请你帮忙算一下，一次注入游泳池内的水需花多少钱？

⑥小区的游泳池建造完工，物业管理部门最后决定在游泳池上空的四周装上红、黄、蓝三种颜色的彩灯。三种彩灯一共有36盏，其中蓝灯占总灯数的$\frac{5}{12}$，黄灯占总灯数的$\frac{1}{4}$，那么红灯占总灯数的几分之几？哪一种颜色的灯装得最多？

如果放在平时，上述那么多题目，学生一看就会感到烦恼，但现在把它们串联在一个情景中逐步出示，学生就并不会感觉在做一道又一道的题目，而会感觉只是在解决一个问题，一个关于“建好游泳池”的实际问题，在心理上就会乐于接受，因为题目的多少其实与题目的多少关系并不是很大，而与学生的心理感受关系更大，如果学生乐意做，那么即使题目再多他们也不会感觉烦和累。

这么办4

设计“炼”习

教师可以设计表面看似毫无关联却有着相似的解题思路和步骤，甚至结论也十分类似的“多题归一”题组。其本质是“以不变应万变”，也就是在不同思维的碰撞中提炼思想方法、知识模型，变“以‘一题’说‘一题’”为“以‘一题’论‘一型’”，化繁为简，使知识系统化，培养学生举一反三的能力，避免题海战术。

在学生学习了公倍数知识后，可以设计这样的题组练习。

(1) 8路汽车和12路汽车始发站相同。8路汽车每隔8分钟发一次车，12路汽车每隔6分钟发一次车。在某一时刻，这两路汽车同时从始发站发车，至少再过多少分钟这两路汽车才又同时从始发站发车？

(2) 用一种长20厘米、宽16厘米的长方形地砖拼成一个正方形，正方形的边长至少是多少厘米？

(3) 同学们训练广播操。每行8人、10人、15人，都能正好排成整行，并且没有多余的学生，请问至少有多少人参加广播操训练？

这三题看似毫不相关，实质都是求几个数的最小公倍数。

这么办5

设计“链”习

如果在完成练习的同时，还能领略到其他的知识风景和领悟到其他的思想启示，那么这样的练习，既可以增长知识，又可以增长见识，学生更会有一种喜出望外的愉悦感。另外，练习的“跨界”还可能会有利于实现学生学习的跨越。

当学生学习了“数的平方”之后，教师可以设计这样的计算练习：“$1^2=1$，$11^2=121$，$111^2=12\ 321$，$1111^2=1\ 234\ 321\cdots$”此时学生会发现这些得数在结构上具有对称性，教师告诉学生这样的数是回文数。

之后，在学生趣味盎然之中，教师可以顺理成章地由数的对称现象“链接”到形的对称现象，最后甚至“链接”到语文中的对称现象——回文诗《春闺》：“垂帘画阁画帘垂，谁系怀思怀系谁？影弄花枝花弄影，丝牵柳线柳牵丝。脸波横泪横波脸，眉黛浓愁浓黛眉。永夜寒灯寒夜永，期归梦还梦归期。”这样开放性的练习拓展了学生的知识视野，还可能会驱动学生课后去查找更多回文诗的学习热情。

怎么办49

作业功效如何发力？

在《辞海》中，“作业”的解释是“为完成学习方面的既定任务而进行的活动”，而《教育大辞典》则把完成学习任务的作业分为课堂作业和课外作业两大类，其中，课外作业包括家庭作业。在“双减”政策中，要减的是过多的作业数量。作业数量减了，学习效果不减，就必须提高作业功效。那么，作业功效该如何发力呢？

这么办1

充足发力

研究结果显示，学生校内、校外作业时间均存在合理范围，并非作业时间越多，学生学业成绩越好。因此，作业能否实现“充足发力”，不在于作业数量的增加，而在于作业效能的提升。如果教师用足用好作业题，投入最少的题量产出最大的作业功效，那么就可能获得“少即是多”的作业理想状态，从而在控制作业数量的前提下提升作业质量。

我们在六年级总复习阶段设计过这样一道作业题：甲数和乙数的和是60，（　　　　）。甲数和乙数分别是多少？

此题因缺少条件而具有开放性，只用一道题就可以把众多相关知识“一网打尽”：补填条件“甲数（乙数）是2”或“甲数和乙数相等”就是简单的减法或除法问题；补填条件“甲数是乙数的2倍”就是稍复杂的倍数（和倍）问题；补填条件“甲数是乙数的$\frac{1}{2}$”就是与倍数问题形异质同的分数问题；补填条件“甲数和乙数的比是1∶2”则成了按比例分配问题；补填条件“甲数比乙数多2”又成了和差问题；补填条件“乙数的小数点向左移动一位后就等于甲数的一半”，那么此题就更富挑战性。

如此“一题多填”的开放题作业设计，“发力点”选在信息的关键点，助力学生把学过的知识上下贯通。

这么办2

精准发力

作业如果能够做到“精准发力”，那么作业就具有针对性和选择性，一方面使作业数量得以控制，学生做自己想要的作业；另一方面使作业效能得以提升，学生做自己能要的作业。作业的“发力点”要选在能力的差异点，尽量做到因人而异，设计分层作业、弹性作业、合作作业。

“捆绑式”作业，使较差学生也能在较好学生的帮助下更好地“精准发力”，作业得到最及时的反馈，困难得到最及时的解决，错误得到最及时的订正，信心得到最及时的鼓励。为便于教师能够看到作业情况，我们倡导作业留痕，也就是在保存原有作业痕迹的下方进行修改或订正。为了检测较差学生在较好学生的帮助下是否真正理解，我们开展“讲作业”的评定活动，可以讲给老师听，可以讲给全班同学听，也可以讲给其他组甚至其他班同学听，还可以假设同学在场模拟讲解或拍摄讲解小视频播放……会用自己的语言、自己的方式讲解，理解的真实性更高，也锻炼了学生的交流和交往等社会生活能力。

“捆绑式”作业，让结对子学生之间有了更深的感情和了解。我们让较好学生进一步“精准发力”，担任较差学生的“小老师”并为其出题，我们在作业本记分格下方开辟“小老师出题栏”，较差学生不仅要订正错题，还要解答结对的较好学生在“小老师出题栏”所出的针对错题的强化题、变式题或拓展题。甚至，我们同意较好学生用出题代替原本自己需要做的作业，以辅导较差学生的作业成效为自己的作业成绩。

在设计分层作业的时候，教师可以采用“作业超市”的形式，供学生根据自己的能力和自己的喜好自主“选购”。（参看配套 U 盘视频：作业设计也能出亮点，分层作业了解一下！①）

这么办 3

定时发力

作业设计还要遵循人的遗忘规律，做到“定时发力”。德国心理学家艾宾浩斯认为遗忘的趋势是先快后慢、先多后少，到一定程度就不再遗忘。教师需要根据“遗忘曲线”规律衡量作业题的选择，“发力点”选在遗忘的时间点，合理配置作业题，以对抗遗忘，帮助学生及时进行知识复习。

① https：//haokan. baidu. com/v？ pd = wisenatural&vid = 12253091155166645000. 教研组长徐漂亮——好看视频．

我们根据遗忘曲线的5个关键时间点，配置和优化作业：

（1）根据“20分钟后，42%被遗忘，58%被记住”优化课堂作业的设计；

（2）根据“1小时后，56%被遗忘，44%被记住”优化课外作业的设计；

（3）根据“1天后，74%被遗忘，26%被记住”，在当日作业中夹一两道前日的题（优先选择学生的错题）及时复习；

（4）根据“1周后，77%被遗忘，23%被记住”，及时复习前一周的题（指导学生整理错题）；

（5）根据“1个月后，79%被遗忘，21%被记住”，采用游戏形式，开展“每月过关”活动，可以由教师出题，也可以由学生出题，甚至让学生提前一个月就时刻准备着，不断地猜测老师出的题目，同时不断地筛选自己出的题目，以此引导学生时刻关注自己和同学的作业情况，并时刻研究教师的作业布置。

这么办4

靠前发力

除了课后巩固性作业，还有课前准备性作业。其中，大部分准备性作业是前置性作业，在正式教授新知识前，根据学生的生活经验和对知识的认知能力布置与新知识相关的作业，其本质在于让学生进行尝试性学习。前置性作业还能牵引学生的知识储备，除了能引出将学的新知，还能牵出有关的旧知。教师可以把一节课的课后巩固性作业“靠前发力”成课前准备性作业。

“乘法分配律”课后经常配置这样的巩固性作业题：计算25×44。我们将它前置到课前。面对这样有点特别的算式，一些学生能敏锐地想到“25×44＝25×(4×11)”这样的变式，运用已经学过的乘法结合律进行简便计算，其他学生想到的是笔算。

当教师告诉学生还有其他简算方法，并且笔算其实也是简算的时候，激发了学生都想一探究竟的学习热情，此时这一原本属于课后巩固性作业的题目，“靠前发力”成了课前准备性作业，“发力点”选在方法的对比点，既让学生及时复习了与新知“乘法分配律”容易混淆的“乘法结合律”，又让学生自觉关注了“笔算”与新知“乘法分配律”之间的关系，更重要的是激发了学生强烈的学习动机。

新知学习结束，这一课前准备性作业又变回原本的课后巩固性作业，在教学上形成了前后呼应的结构，新的简算方法“$25\times44=25\times(40+4)=25\times40+25\times4$”与原有简算方法“$25\times44=25\times(4\times11)=(25\times4)\times11$”又构成了比较，有助于学生辨析，防止混淆。

这么办5

续后发力

在教材中，每个练习最后的作业题中有很多为后续学习作铺垫。有些作业题虽然没有这样的拓展功能，但教师可以二度开发，使之能够“一举两得”，“发力点”选在知识的生长点，不仅能够“瞻前”，巩固学过的知识；而且能够“顾后”，铺垫后学知识。站在后一节课角度看，如此前一节课的课后巩固性作业是在“靠前发力”，在此意义上，它又成了后一节课的课前准备性作业。

“加法结合律”课后有这样一道作业题：

$38+76+24$	$88+45+12$
$38+(76+24)$	$45+(88+12)$

如果教师只是把此题的功能定位在“让学生判断运用了什么运算律”上，那么它只能是课后巩固性作业；如果教师还引导学生看到了计算的简便，那么它就可以用作课前准备性作业，为下一节课“用乘法结合律进行简便计算”做预先的铺垫。

为了增加作业的快乐，我们把上述作业题由原本的“竖做”改成“横做”，男生做上一横排两题，女生做下一横排两题，比一比看谁算得快。因为是比赛，哪怕教师多布置这样的几组题，学生也不会厌倦。最终在女生获胜中，学生自然会发现其中的诀窍，为下一节课的教学，不仅做好了充分的知识铺垫，而且做好了充分的情感铺垫。

怎么办50

如何组织考试活动？

考试，在学生心目中，就是“一张试卷一支笔”，考前不是铺天盖地“长演习”，就是措手不及“搞突袭”；考时怕老师眼睛“盯”着，担心被怀疑；考后怕老师眼睛“瞪”着，担心被训批……这是一些学生的心理写照，特别是学习中下生，尤为紧张与恐惧。那么，教师该如何组织考试活动呢？

这么办1

亲切的考试卷面

以往的试题往往语言纯粹、单调、严肃，“废话”很少，无形中给学生一种压抑、紧张的心理氛围。对此，教师在命题时应注意语言的亲切性，尽可能使语言充满人情味，体现卷面的友好性。

我们把一些“生硬”的陈述式语言进行调整，或使用邀请式语言，例如“请你……”；或添加鼓励性语言，例如“试试看”；或改成征询式语言，例如“你会吗”；或附加提醒式语言，例如“可别算错了”；或配用卡通式图像，例如“判断题”旁配画一只穿白大褂的兔子；或创设趣味性语境，例如（数学试题）“猜猜我是谁”（见图1）。

“我的简介”是这样的：
①“我”的内角和是180°；
②“我”有两个角之和正好等于90°；
③“我”的最大角的度数是最小角的3倍。

⇨

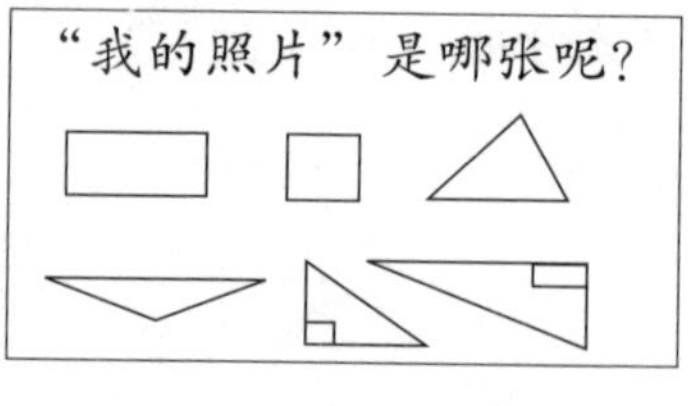

图1

这么办2

开放的考试题目

以往的试题往往要求单一、答案唯一、方法统一，学生没有选择的余地，一遇到记忆“盲区”，学生就可能六神无主、心理紧张。对此，教师在命题时应注意试题的开放性，增加开放题。

我们除了设计一些条件多余、条件缺少、答案多样、解法多样等常见的开放题，还尝试了以下两种新的开放式题型：一是把常规题增加条件，让学生选择部分条件，编成符合要求的、自己有把握并且感兴趣的题目并解答；二是把常规题缩减条件，让学生补充，编成合“情”（符合个情）合“理”（符合要求）的题目并解答。学生想出一种就可加分（总成绩可超过100分）。这些开放题既照顾了学困生，让他们有更多的施展空间来保分；又满足了学优生，让他们有更多的发展机会来争分，形成了“八仙过海，各显神通”的局面。

例如，（数学试题）“请你选择条件，配上问题，编成应用题，并解答”。①修路队修一条长30千米的公路；②甲队单独修10天完成；③乙队的工作效率是甲队的$\frac{2}{3}$；④已修的与未修的比是3∶7。学生可将它们分别组合成一般分数应用题、工程应用题、按比例分配应用题，还可发展成较复杂的复合应用题等，并解答。

又如，（数学试题）“你会把题目补充完整，进行简便运算吗？25×43____”。学生可将题目补充成“25×43×4”“25×43×8”“25×43+25×57”“25×43-25×3”等后简算。

再如，（历史试题）2019年全国Ⅰ卷的开放题引用了钱穆《国史大纲》（1940）中的材料，要求评析材料中的观点（任意一点或整体）并得出结论。这就是一道典型的观点论证题。无论选答哪种观点，只要言之成理、持之有据即可。

这么办3

灵活的考试时间

以往的考试时间长、题量大，容易致使学生身心疲惫。对此，教师可以采用

“短”（内容分解）、“平”（难度适中）、“快”（时间缩短）的小型考试，以此提高学生考试的质量和考试的承受力，增加学生成功的数量和进取的机会。

传统考试大多“一锤定音”，学生没有回旋余地。对此，我们实施了自愿的申请式考试，如果学生对考试成绩不满意（例如认为考试时发挥失常、再复习能有进步等），可与教师商量，申请再考同一级别的试题。必要时教师可“权力下放”，再考试卷让学优生模拟出卷并批卷；如果学生对考试难度不满足，也可与教师商量，申请试考高一级别的试题。考试时间也可以商量。

在小学低年级，教师还可以把考试“溶解”于游艺活动之中，让学生在玩乐中进行考试。（参看配套U盘视频：小学生期末考试“玩嗨了”：闯关游戏提前“过牛年”①。）

这么办4

广泛的考试范围

以往的考试往往比较“专一”和“单一”，内容只是本学科知识，学生很难或无须考虑学科外和书本外知识。然而，真实的情形是，知识无界，所以考试内容也应该无界。

在考试命题时，我们提倡综合其他学科知识或生活知识来设计考试内容，也鼓励学生能够结合其他学科知识或生活知识来回答考试内容。

例如数学试题：“选择一个你认为有意义的时间，设计一个钟面。”学生有的选择早晨学校升国旗时间，有的选择晚上看少儿节目时间，有的选择晚上新闻联播时间，等等，他们还“锦上添花”地画成各种有趣的卡通钟。

又如，化学试题：“下列诗句中，只涉及物理变化的是（　　）。A. 千里冰封，万里雪飘。B. 爆竹声中一岁除，春风送暖入屠苏。C. 千锤万凿出深山，烈火焚烧若等闲。D. 春蚕到死丝方尽，蜡炬成灰泪始干。”本题将语文知识中的著名诗句与化学知识中的物理变化、化学变化相联系。

① https：//haokan. baidu. com/v？pd = wisenatural&vid = 12012825637460990063. 江苏教育电视台.

再如政治试题："某餐馆适用的营业税税率为5%。小明和爸爸去该餐馆吃饭共消费200元，在结账索要发票时被告知：如果不要发票，可以获得一瓶价值4元的饮料。小明和爸爸表示接受。上述做法：①使餐馆少缴纳6元税款；②使餐馆多获得6元收益；③不利于保护消费者的权益；④不利于刺激消费需求。"

在核心素养的背景下，教师应该努力追求在真实情境中考试。社会生活情境与日常生活以及生产实践密切相关，考查学生运用所学知识解释生活中的现象、解决生产实践中的问题的能力。

2021年山西省中考地理试题晋中卷第24题：

主　题　倡导低碳生活

资料一　2021年，"碳达峰"和"碳中和"被首次写入政府工作报告，走进公众视野。我国要实现2030年"碳达峰"、2060年"碳中和"的目标，需要加快产业升级转型，推动生产、生活方式的根本改变。

资料二　为加快建设新型、清洁、低碳的综合能源基地，构建现代能源体系，实现从"煤老大"到"全国能源革命排头兵"的历史性转变，作为能源重化工基地的山西，积极优化能源结构，淘汰落后产能，大力提升新能源、清洁能源比重，坚定走"减""优""绿"之路。

资料三　"碳达峰"和"碳中和"示意图。

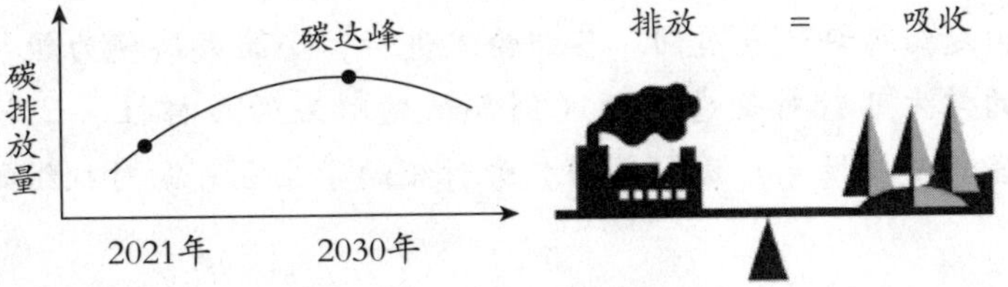

思考完成：

(1) 说明"碳达峰"和"碳中和"应对的环境问题及该环境问题带来的影响。(6分)

(2) 概括山西能源工业走"减""优""绿"之路的措施。(6分)

(3) 为践行"碳达峰"和"碳中和"，列举你的低碳生活方式。(6分)

试题以能力、素养并重立意，主要采用四大手段之一的"真实任务情境"，从人类活动对地理环境的影响切入，旨在构建人地协调观和可持续发展理念，突出正确的情感、态度、价值观引领。始终以人为本，将学科育人功能作为主基调，以真实任务情境为问题导向，着重考查学生阅读提取地理信息、分析解决地理问题的能力。通过实践将人地协调观渗透到日常生活中、践行在日常行动中，引导学生养成良好的行为习惯，追求积极健康的生活方式。考试不仅是教学评价的手段，更是立德树人的载体。[①]

这么办5

丰富的考试形式

教师应努力改变传统考试形式，倡导口试、笔试与操作相结合，教师出题与学生出题相结合，水平考试与等级考试相结合，常规式考试与游艺式考试相结合，一次考试与多次考试相结合，扣分式考试（分数封顶）与加分式考试（分数不封顶）相结合，师评与自评、生评、家长评相结合，课内学习知识考试与课外学习知识考试（例如课外阅读、专题研究）相结合，整体考试与部分考试相结合，考场考试与现场考试相结合，教后考试与教前考试相结合，等等。

传统考试是教师出题、学生解题，学生如同只被训练“接球”，缺乏主动与互动。对此，我们实施了分组的“对抗式考试”，将学生分成若干组，组内学生商量合作，“盘算”相关知识（必要时教师可提供样卷）自编相应试题。

考试时，一组学生面试另一组学生，一组学生出题，另一组学生相互商量、合作解答，出题组可评述或追问。各组轮流进行，小组成绩视为组员成绩。考试中，对抗组的学生可针对疑惑问题（例如试题解法的多样性、试题情节的合理性、试题内容的发展性等）进行答辩，旁听组的学生也可向对抗组的学生发问。

① 肖明光．真实情境 落实立德树人 六个维度 彰显学科价值——2021年山西省初中学业水平考试地理试题分析［J］．教育理论与实践，2022，42（02）：13－17.